Jacqueline Maurer

Filmische Raumkonstruktion und Inszenierung städtischen Raums

Michelangelo Antonionis *L'Eclisse* (1962)
und das römische Quartier EUR

FILM- UND MEDIENWISSENSCHAFT

Herausgegeben von Irmbert Schenk und Hans Jürgen Wulff

ISSN 1866-3397

32 *Tobias Dietrich*
Filme für den Eimer
Das Experimentalkino von Klaus Telscher
ISBN 978-3-8382-1094-0

33 *Silvana Mariani*
O Canto do Mar: Die Ästhetisierung von Realität?
Reflexionen über den Realismus bei Alberto Cavalcanti
ISBN 978-3-8382-1100-8

34 *Marius Kuhn*
Im weiten Feld der Zeit: Die filmischen Transformationen des Romans *Effi Briest*
ISBN 978-3-8382-1141-1

35 *Noemi Daugaard*
Grauenvolle Atmosphären: Tondesign und Farbgestaltung als affektive und subjektivierende Stilmittel in THE SILENCE OF THE LAMBS
ISBN 978-3-8382-1190-9

36 *Selina Hangartner*
Wild at Heart and Weird on Top: Spielformen der Ironie im Film
ISBN 978-3-8382-1214-2

37 *Alexander Schmidt*
Kino der Ekstase
Formen der Selbstüberschreitung in den Filmen Andrzej Żuławskis
ISBN 978-3-8382-0313-3

38 *Anna Weber*
Aufruf zur Solidarität
Die visuelle und stimmliche Präsenz von Ernst Busch und seine proletarische Imago im linken Filmschaffen der Weimarer Republik
ISBN 978-3-8382-1121-3

39 *Marian Petraitis*
Alle Geschichte hat einen Ort
Modelle filmischen Erinnerns am Beispiel der Filme Volker Koepps
ISBN 978-3-8382-1142-8

40 *Jessica Berry*
Kino der Sprachversionen
Mediale Praxis und Diskurse zu Beginn des Tonfilms, 1929-1933
ISBN 978-3-8382-1271-5

41 *Jacqueline Maurer*
Filmische Raumkonstruktion und Inszenierung städtischen Raums
Michelangelo Antonionis *L'Eclisse* (1962) und das römische Quartier EUR
ISBN 978-3-8382-1272-2

Jacqueline Maurer

FILMISCHE RAUMKONSTRUKTION UND INSZENIERUNG STÄDTISCHEN RAUMS

Michelangelo Antonionis *L'Eclisse* (1962)
und das römische Quartier EUR

ibidem
Verlag

Bibliografische Information der Deutschen Nationalbibliothek
Die Deutsche Nationalbibliothek verzeichnet diese Publikation in der Deutschen Nationalbibliografie; detaillierte bibliografische Daten sind im Internet über http://dnb.d-nb.de abrufbar.

Bibliographic information published by the Deutsche Nationalbibliothek
Die Deutsche Nationalbibliothek lists this publication in the Deutsche Nationalbibliografie; detailed bibliographic data are available in the Internet at http://dnb.d-nb.de.

Coverabbildung: Aus Michelangelo Antonionis *L'Eclisse* (1962). © studiocanal. Abdruck mit freundlicher Genehmigung.

∞
Gedruckt auf alterungsbeständigem, säurefreien Papier
Printed on acid-free paper

ISBN-13: 978-3-8382-1272-2

Printed in the EU

Non cambierà, non cambierà
Sì che cambierà, vedrai che cambierà

Franco Battiato, *Povera patria*, 1991

Inhaltsverzeichnis

Vorwort

Die vorliegende Publikation basiert auf meiner Masterarbeit, die 2013 am Kunsthistorischen Seminar der Universität Basel eingereicht und von den Professoren Ralph Ubl und Gottfried Boehm betreut wurde. Ersterem bin ich besonders dankbar, dass er in mir das Interesse für Antonioni und Filme der 1960er Jahre bereits zu Beginn des Studiums geweckt hat und mir bei der Themenwahl und Umsetzung der abschließenden Forschungsarbeit freie Hand ließ. Hannah Bruckmüller, Jürgen Buchinger, Andrea Giger, Olivia Jenni und Eveline Schüep danke ich ganz herzlich für ihre unermüdliche Unterstützung beim Lektorat samt aller wertvollen Gespräche und Ratschläge.

Für die Möglichkeit, im Frühling 2018 ein Seminar zu Antonioni und Godard am Institut für Geschichte und Theorie der Architektur (gta) an der ETH Zürich anzubieten, danke ich Prof. Dr. Laurent Stalder. Dasselbe gilt für die Einladung von Lukas Ingold und Davide Spina, mit ihnen im selben Jahr die ETH-Summer School *Building, Film, and Tourism in Post-War Rome: The Urbanism of 'La Dolce Vita'* am Istituto Svizzero di Roma durchzuführen. Erfreulicherweise konnten wir dafür die wir Antonioni- und Pasolini-Kenner Prof. Dr. David Rhodes als Keynote-Speaker gewinnen.

Die hier genannten Veranstaltungen und mein fortbestehendes Interesse am filmischen Schaffen Antonionis sowie allgemeiner an der Verschränkung von Film-, Architektur- und Städtebauforschung motivierte zur vorliegenden Publikation der Masterarbeit.[1]

Abschließend danke ich dem Ibidem-Verlag, dessen Mitarbeiter*innen sowie insbesondere Valerie Lange und den Herausgebern Prof. Dr. Irmbert Schenk und Prof. Dr. Hans Jürgen Wulff für deren freundliche Betreuung und hilfreiche Hinweise im Rahmen der durch sie ermöglichten Veröffentlichung dieser Studie.

1 Seither neu erschienene, wesentliche Literatur zum Themenfeld wurde der Bibliographie hinzugefügt.

Einleitung

Augenblicke der Wahrheit, Michelangelo Antonioni und das „Kino des Sehens“[2] – so der Titel des Artikels in der Neuen Zürcher Zeitung vom 29. September 2012 anlässlich des hundertsten Geburtstags des 2007 verstorbenen Regisseurs. Antonionis Filmschaffen erstreckt sich über 60 Jahre, beginnend mit seinem Dokumentarfilm *La Gente del Po*, entstanden zwischen 1943 und 1947, und endend mit seinem Kurzfilm *Il Filo Pericoloso delle Cose* als Beitrag zum dreiteiligen Film *Eros* aus dem Jahr 2004. Davor hatte er ein Volkswirtschaftsstudium in Bologna absolviert, mehrere Jahre als Filmkritiker gearbeitet, kurz am *Centro Sperimentale di Cinematografia* des *Istituto Luce* in Rom studiert und an Drehbüchern von Roberto Rossellini (*Un Pilota Ritorna*, 1942) und Marcel Carné (*Les Visiteurs du Soir*, 1942) mitgewirkt.[3]

Bereits in den 1940er Jahren empfand Antonioni „una stanchezza istintiva [...] verso quelle che erano le tecniche e i modi di racconto, normali e convenzionali, del cinematografo.“[4] Dies verleitete ihn zu einem ‚Konzept eines erweiterten Realismus‘[5], gar zu „una sorta di neorealismo interiore.“[6] So galt sein Interesse nicht mehr wie beim Neorealismus der Schilderung des sozialen Elends der Nachkriegsjahre – was an Antonioni als ‚mangelhafte‘ Orientierung an der Wirklichkeit durchaus kritisiert wurde.[7] Vielmehr

---

2 Becker 2012, S. 63. Becker mag das eingangs verwendete Begriffspaar von Schaubs Zwischentitel *Augen-Blicke der Wahrheit* entliehen haben, Schaub 1984, S. 46.

3 Vgl. Kiefer 2000, S. 37. Ausführliche biografische Angaben zu Antonioni (1912-2007) liefern Giacci 2008, S. 139-146, Orsini 2002, S. 15-24 u. Tassone 2002, S. 5-56. Die aktuellste Filmografie findet sich bei Bauer 2015, S. 703-708.

4 Antonioni [1961] 2001, S. 22 („eine instinktive Müdigkeit [...] gegenüber den normalen und konventionellen Techniken und Erzählweisen des Films.“ Antonioni [1961] 1964, S. 85.).

5 Koebner/Schenk 2008, S. 13.

6 Antonioni [1961] 2001, S. 22. Mit dieser „Art von ‚innerem Neorealismus‘“ (Antonioni [1961] 1964, S. 85) hätten französische Kritiker*innen dessen Filme definieren wollen, so Antonioni selber. William C. Pamerleau dazu: „And yet, he accomplishes this 'interior neorealism' by attention to architecture, objects, and relational space, expressing our experience through the world that constitutes the object of our attentions.“ Pamerleau 2009, S. 111; siehe dazu auch Cuccu 1997, S. 17-21.

7 Vgl. Koebner/Schenk 2008, S. 12.

wandte sich der Filmemacher verstärkt dem einzelnen Menschen zu, seinem Inneren.[8] Entsprechend seiner bürgerlichen Herkunft war Antonionis erster Spielfilm *Cronaca di un Amore* (1950) in einem ebensolchen Ambiente angelegt.[9] Noch einer klassischen Erzählweise folgend, war dieses Werk jedoch „already strongly marked by his formal style"[10], für den der Regisseur berühmt werden sollte. Bis zu *Il Deserto Rosso* (1964) untersuchte Antonioni, unter dem Einfluss des Existentialismus stehend,[11] den Verlust von Identität und Moral der Menschen in der modernen Gesellschaft. Dies basierte auf Antonionis Beobachtung, dass die menschliche Seele und damit die alten Mythen und Konventionen nicht mehr adäquat waren gegenüber der dynamischen Bewegung von Technik und Wissenschaft und ihren gesellschaftlichen Folgen:[12]

> „Oggi il mondo è insidiato da uno scompenso gravissimo tra una scienza tutta proiettata consapevolmente nel futuro, disposta a rinnegare se stessa quotidianamente pur di acquistare una frazione di questo futuro e un mondo morale irrigidito, stilizzato, che tutti avvertiamo per tale e che pure tutti concorriamo a mantenere in piedi per viltà o per pigrizia."[13]

Die Armut und sozialen Missstände der Nachkriegsjahre schienen überwunden durch den *Miracolo* oder *Boom italiano,* der die Lebenswelt des 'modernen', italienischen Menschen fortan prägen sollte. Das Wirtschaftswunder, das von 1958 bis 1963 andauerte, brachte bis zur Rezession ab 1964 eine rasante, allgemeine Verbesserung

---

8 Vgl. Antonioni [1961] 2001, S. 22; Kiefer 2008, S. 38.

9 Antonioni bezeichnete seine bürgerliche Herkunft als die wichtigste Erfahrung, um der Regisseur zu werden, den er war. Die bürgerliche Welt, in der er aufwuchs, hätte bei bei ihm zu einer filmischen Vorliebe gewisser Themen, Persönlichkeiten, Problemstellungen und Konflikten psychologischer Art geführt. Vgl. Antonioni [1958] 2001, S. 5.

10 Encyclopedia of Contemporary Italian Culture, 2000, S. 20.

11 Vgl. Cardullo 2010, S. 123; Brückle 2006, S. 85; Moure 2001, S. 6.

12 Siehe Antonioni [1961] 2001, S. 32f.; vgl. Schenk 2008, S. 67.

13 Antonioni [1961] 2001, S. 32f. („Heute ist die Welt bedroht durch ein äußerst schwerwiegendes Mißverhältnis zwischen einer Wissenschaft, die bewußt auf die Zukunft ausgerichtet ist, bereit, sich selbst tagtäglich zu verleugnen, nur, um ein Bruchstück dieser Zukunft zu erobern, und einer erstarrten, stilisierten moralischen Welt, die wir alle als versteinert erkennen und die aufrecht zu erhalten wir trotzdem alle aus Feigheit oder aus Faulheit wetteifern." Antonioni [1961] 1964, S. 96.)

der ökonomischen Lebensverhältnisse mit sich.[14] Dennoch stellte Antonioni in dieser Zeit des ökonomischen Aufschwungs fest:

> „Oggi viviamo in un periodo di estrema instabilità. Instabilità politica, morale, sociale, fisica, addirittura, dove la fisica diventa in qualche modo metafisica. Il mondo è instabile fuori e dentro di noi."[15]

Dieser äusseren wie inneren Instabilität entsprechend sind die Protagonist*innen in seinen Filmen durch ihre zunehmende Fremdheit gegenüber der Außenwelt wie auch der eigenen Innenwelt charakterisiert.[16] Der Regisseur prägte diesbezüglich den Begriff der ‚Malattia dei sentimenti'[17], die sich unter anderem in Kommunikationsunfähigkeit, Einsamkeit und Verdinglichung, im Sinne der Austauschbarkeit von Partner*innen äusserte. Emblematisch dafür steht in *L'Eclisse* die Börse,[18] wo die Makler neben ihrem Kerngeschäft mit Pin-ups handeln, sich auf den neusten Stand in Liebesdingen bringen wollen und an der sich die Protagonist*innen Vittoria und Piero kennenlernen werden. Als äusseres Symptom weist die 'Krankheit der Gefühle' den erkrankten Eros auf, in Form von nur noch körperliche Bedürfnisse befriedigende Liebesbeziehungen.[19]

Michelangelo Antonioni hat die sogenannte ‚Italienische Trilogie' dieser ‚Malattia dei sentimenti' gewidmet. Dazu zählen seine drei unabhängig voneinander entstandenen Filme *L'Avventura* (1960), *La Notte* (1961) und *L'Eclisse* (1962). Bisweilen wird mit seinem ersten Farbfilm *Il Deserto Rosso* (1964), der die Thematik weiter

---

14 Einen differenzierten Überblick inkl. beeindruckenden Zahlen liefern Weller 2010 im 19. Kapitel *Das Wirtschaftswunder: Gewinner und Verlierer*, S. 250-269 u. Foot 2009, S. 138.

15 Zitiert aus Tassone 2002, S. 96. („Heute leben wir in einer Zeit extremer Instabilität. Politische, moralische, soziale, physische Instabilität; als würde die Physik geradewegs zu einer Art Metaphysik werden. Die Welt ist innerhalb und ausserhalb von uns instabil." Übers. J.M.] Tassone vermerkt, dass Antonioni seinen Film *L'Avventura* 1960 mit diesen Worten in Cannes präsentiert hatte.

16 Vgl. Schenk 2008, S. 70.

17 Antonioni [1961] 2001, S. 33 („Krankheit der Gefühle", Antonioni [1961] 1964, S. 97).

18 Vgl. Tinazzi 1989, S. 92.

19 Vgl. Antonioni [1961] 2001, S. 33; Schenk 2008, S. 70. „When sexuality fails as a means of communication and provides only physical relief, then, in Antonioni's terms, Eros is sick." Bondanella 2001, S. 212.

verfolgt, von einer Tetralogie gesprochen.[20] Die Filme weisen bezüglich der narrativen Ebene Charakteristika des *Art Cinema* auf,[21] wie sie David Bordwell definiert: Thema ist die moderne *Condition humaine*, damit die zeitgenössische Entfremdung, der Mangel an Kommunikation sowie die Kontingenz[22] als Phänomen der Moderne.[23] Timothy J. Clark stellt klar: „'Modernity' means contingency."[24] Er definiert Kontingenz als „the turning from past to future, the acceptance of risk, the omnipresence of change, the malleability of time and space."[25] Alle vier von Clark genannten Aspekte kommen in *L'Eclisse* zum Tragen. So weist die Erzählstruktur entgegen jener des klassischen Kinos Brüche auf, ist locker, gar episodenhaft sowie von Zufall geprägt und nähert sich damit dem Verlauf des ‚real life'[26] an.[27] Der Begriff der ‚Realität' fällt in Aussagen über und von Antonioni zahlreich und lässt sich mit Bordwell im Filmkontext wie folgt fassen:

> „For the classical cinema, rooted in the popular novel, short story, and well-made drama of the late nineteenth century, 'reality' is assumed to be a tacit coherence among events, a consistency and clarity of individual identity. Realistic motivation corroborates the compositional motivation achieved through cause and effect. But art-cinema narration, taking its cue from literary modernism, questions such a definition of the real: the world's laws may

---

20 Vgl. Chatman 1985, S. 51.

21 Vgl. Rhodes 2011, S. 278.

22 Laut *Historisches Wörterbuch der Philosophie* (HWPh) leitet sich der Begriff der ‚Kontingenz' vom Lateinischen ‚contingentia' und ‚contingere' ab, was wörtlich ‚zusammen (sich) berühren' heißt. Dies entspricht dem deutschen ‚zu(sammen)fallen', wovon ‚Zufall' und ‚Zufälligkeit' abgeleitet sind. Nach Aristoteles *Metaphysik* steht der Begriff für die Möglichkeit und gleichzeitige Nichtnotwendigkeit. Vgl. W. Hoering, 1976. Kontingenz, in: Historisches Wörterbuch der Philosophie, hg. v. Joachim Ritter u. Karlfried Gründer, völlig neubearb. Ausgabe des 'Wörterbuchs der Philosophischen Begriffe' v. Rudolf Eisler, Bd. 4, 1976, 1027-1038.

23 Vgl. Bordwell [1979] 2009, S. 650f.; Brückle 2006, S. 185.

24 Clark 1999, S. 7.

25 Ebd., S. 10.

26 Bordwell 1985, S. 207.

27 Vgl. Bordwell [1979] 2009, S. 650f.; siehe Bordwell 1985, S. 205-213. Siehe dazu auch Kracauers Kapitel *Momente des täglichen Lebens* in: Kracauer [1960] 2005, S. 465-467.

> not be knowable, personal psychology may be indeterminate. Here new aesthetic conventions claim to seize other 'realities': the aleatoric world of 'objective' reality and the fleeting states that characterize 'subjective' reality."[28]

Entsprechend vollzog Antonioni laut Giorgio Tinazzi eine verstärkte Anlehnung an „'contingenze particolari'. Sono i 'momenti apparentemente secondari'; il caso, il contingente, il non motivato entrano nel racconto."[29] Diese Loslösung von logischen, sukzessiven Erzählstrukturen erklärt sich aus Antonionis eigener Auffassung als ein Filmemacher seiner Zeit:

> „[H]o eliminato tutti quelli che potevano essere i nessi logici di racconto, gli scatti da sequenza a sequenza per cui l'una sequenza faceva da trampolino alla successiva; proprio perché m'è sembrato, e ne sono fermamente convinto, che oggi il cinematografo debba essere piuttosto legato alla verità che alla logica."[30]

Auch aufgrund dieses Wahrheitsanspruchs, dem Antonioni – wie in dieser Arbeit erörtert wird – auf inhaltlicher wie formaler Filmebene gerecht zu werden versuchte, sieht Peter Bondanella in ihm einen Vertreter des modernistischen Kinos:[31]

---

28 Bordwell 1985, S. 206. Im Eintrag zu *Realität, formale/objektive* im HWPh ist vermerkt: „Heute bezeichnet 'o.R.' [objektive Realität] die Wirklichkeit der Dinge, insofern sie unabhängig von unserem Denken existieren." Jean-François Courtine, 1992. Realität, formale/objektive, in: Historisches Wörterbuch der Philosophie, hg. v. Joachim Ritter u. Karlfried Gründer, völlig neubearb. Ausgabe des ‚Wörterbuchs der Philosophischen Begriffe' v. Rudolf Eisler, Bd. 8, Basel, Spalten 193-200, Spalte 193. Die Unterscheidung zwischen ‚Realität' und ‚Wirklichkeit' ist eine Eigentümlichkeit der germanischen Sprachen, die den romanischen und englischen Sprachen fremd ist. Vgl. Jean-François Courtine, 1992. Realität/Idealität, in: Historisches Wörterbuch der Philosophie, hg. v. Joachim Ritter u. Karlfried Gründer, völlig neubearb. Ausgabe des ‚Wörterbuchs der Philosophischen Begriffe' v. Rudolf Eisler, Bd. 8, Basel, Spalten 185-193, Spalte 189 u. Tobias Trappe, 2004. Wirklichkeit, in: Historisches Wörterbuch der Philosophie, hg. v. Joachim Ritter, Karlfried Gründer u. Gottfried Gabriel, völlig neubearb. Ausgabe des ‚Wörterbuchs der Philosophischen Begriffe' v. Rudolf Eisler, Bd. 12, Basel, Spalten 829-846, Spalte 829.

29 Tinazzi [1994] 2002, S. XIX.

30 Antonioni [1961] 2001, S. 26 („[I]ch habe all das entfernt, was die logischen Erzählknoten sein konnten, der Sprung von Sequenz zu Sequenz, durch den eine Sequenz als Sprungbrett für die folgende diente; eben weil es mir scheint, und davon bin ich fest überzeugt, daß heute das Kino eher der Wahrheit als der Logik verpflichtet sein muß." Antonioni [1961] 1964, S. 89.).

31 Vgl. auch Perez 1991, S. 236f., 244f.

> „More than any other Italian director, Antonioni consciously aimed to produce a modernist cinema, a cinema which was tied to 'the truth rather than to logic' and which responded to the rhythm of life in its daily routine […].“[32]

Bernd Kiefer zufolge gilt die Trilogie des mit Ingmar Bergman „letzte[n] Modernist[en] der Filmkunst“[33] „bis heute […] als Paradigmenwechsel in der Geschichte des Films, gleichsam als ästhetischer Modernisierungsschub.“[34] Die Erzählung nebensächlich werden lassend, verschiebt sich die Aufmerksamkeit auf die visuelle Präsenz, das Zeigen und das Sehen des Gezeigten, was sich bei Antonioni in den perfekt durchkomponierten Einstellungen offenbart. So ergibt sich laut Jean Moure die von den Antonioni-Filmen ausgehende Faszination weniger in der Aktualität der Thematik, sondern im Blick des Regisseurs, der sich in der Art und Weise wie er die Oberfläche der Erscheinungen einfängt.[35] Sprechend ist Seymour Chatmans Buchtitel: *Antonioni, or, The Surface of the World*[36] und Gilberto Perez betont: „Place rather than action, situation rather than event, is Antonioni's chief concern.“[37] Bezeichnend dafür ist Antonionis Herangehensweise an ein neues Filmprojekt:

> „Di solito faccio i sopralluoghi prima di scrivere la sceneggiatura. Per scrivere ho bisogno di avere ben chiara in testa l'ambientazione del film. Può anche accadere che sia un luogo a suggerirmi un film; o meglio, che un luogo si adatti a certi motivi, ad alcuni personaggi che vagavano nella mia mente. Talvolta sono coincidenze abbastanza strane.“[38]

Vielleicht noch pointierter kommt dies in folgendem Zitat zum Ausdruck:

---

32 Bondanella 2001, S. 109

33 Kiefer 2008, S. 42.

34 Ebd., S. 36.

35 Vgl. Moure 2001, S. 8; Siehe Bondanella 2001, S. 212.

36 Chatman 1985.

37 Perez 1991, S. 238.

38 Antonioni [1965] 2001, S. 131 („Normalerweise mache ich die Schauplatz-Besichtigung, bevor ich die Szene schreibe. Um zu schreiben, muss ich das Ambiente des Films klar im Kopf haben. Es kann auch vorkommen, dass mir ein Ort, eine Filmidee eingibt; oder besser, dass ein Ort, sich an gewisse Motive, gewisse Personen, die in meinem Kopf umherschweifen, adaptiert. Manchmal sind es ziemlich eigenartige Zufälle.“ Übers. J.M.).

> „Some filmmakers decide to tell a story and then choose the decor which suits it best. With me, it works the other way around: there's some landscape, some place where I want to shoot, and out of that develop the themes of my films."[39]

Laut Ned Rifkin stellt demnach die Auswahl der Drehorte ein primäres Element der ‚visual language'[40] Antonionis dar. Damit ist freilich auch die räumliche Dimension des Films angesprochen. Der Filmemacher selbst verstand ‚ambiente'[41] und ‚ambientazione'[42] als räumliche Phänomene und äußerte sich bezüglich seines Vorgehens auf dem Set folgendermaßen:

> „Mi piace trovarmi solo nell'ambiente in cui devo girare e cominciare a sentire l'ambiente, prima di tutto senza i personaggi, senza le persone. Perché è il modo più diretto di ricreare l'ambiente, di entrare in rapporto con l'ambiente stesso, il modo più semplice per lasciare che l'ambiente suggerisca qualche cosa a noi. [...] Si tratta soltanto di inventare – perché anche questa è una fase in invenzione – la sequenza, adattandola proprio alle particolari caratteristiche dell'ambiente. Per cui io (questo è il mio metodo di lavoro) rimango sempre una mezz'ora nel luogo dove devo girare, sia in esterni che in interni."[43]

Gemäß Rifkin vermitteln diese „places" in ihrer Beschaffenheit „mental states" der Protagonist*innen und sind daher weniger als topographisch bestimmte „locations" zu lesen:[44]

---

39 Antonioni in: Michele Manceaux, 1964. In the Red Desert, in: Sight and Sound, 33, 3, S. 119, zitiert aus: Rifkin 1982, S. 23.

40 Vgl. Rifkins Buchtitel *Antonioni's visual language* u. hier Rifkin 1982, S. 23.

41 **„ambiènte,** [...] 'spazio nel quale si trovano una persona o un oggetto' [...]." Manlio Cortelazzo u. Paolo Zolli, 1999. Il nuovo etimologico, DELI, Dizionario Etimologico della Lingua Italiana, 2. Aufl., hg. v. Manlio Cortelazzo u. Michele A. Cortelazzo, Bologna 1999, S. 92.

42 **„ambientazióne,** [...] 'nel cinema e nel teatro, ricostruzione delle caratteristiche di un ambiente ottenuta con l'allestimento scenico' [...]." DELI 1999, S. 92.

43 Antonioni [1961] 2001, S. 28 („Ich ziehe es vor, mich allein in der Umgebung einzufinden, in der ich drehen will, und dabei zu beginnen, diese Umgebung in mich aufzunehmen, ohne daß dabei andere Personen anwesend sind. Weil dies nämlich die direkteste Art ist, die Umgebung wiederzuerschaffen, in ein Verhältnis zu ihr selbst einzutreten, die einfachste Art, um zu veranlassen, daß sie uns etwas eingebe. [...] Es handelt sich nur darum, die Sequenz zu erfinden: weil auch dies eine Phase der Erfindung ist, indem man sie den besonderen Merkmalen der Umgebung anpaßt. Deshalb verweile ich immer (das ist meine Arbeitsmethode) eine halbe Stunde an dem Ort, an dem ich drehen will, sowohl bei Innen- wie bei Außenaufnahmen." Antonioni [1961] 1964, S. 91.).

44 Rifkin 1982, S. 23.

> „Antonioni does not relegate his places to secondary roles as backdrop to the action and characters. Rather, he allows his renderings of landscapes and cities, architectural forms and interior spaces to function as purely visual characters which are integral to the value context he constructs. In some instances, the place will dominate the actors. At times, it will actually replace them."[45]

Rifkin referiert auf Jurij Lotmans Raumtopologie[46], bei der die Topografie zum Träger von Bedeutung wird im Sinne einer Möglichkeit, die dargestellte Welt zu strukturieren.[47] Letzterem zustimmend, wird im Rahmen dieser Arbeit allerdings Rifkins und Kiefers Aussage, dass die Topographie respektive spezifische Wahl der Großstadt in *L'Eclisse* gänzlich unwesentlich sei und „for the unique visual presence"[48] stehe, dementiert.[49] Vielmehr wird hier Irmbert Schenks Einsicht geteilt, dass in Antonionis „bewusste[m] Denken" eine bleibende „Spur des Historismus" enthalten ist.[50] Schenks Feststellung Folge leistend, wird exemplarisch am Schauplatz *EUR* herausgearbeitet, wie dieses römische Quartier, das auf ein faschistisches Bauprojekt zurückgeht, im Film inszeniert ist, welche Rolle dem Quartier *EUR*[51] in *L'Eclisse* zukommt und inwiefern Verbindungen zur Geschichte und zur damals aktuellen Welt bestehen.

Der Film spielt im damals zeitgenössischen Rom und beginnt in der modernen Wohnung Riccardos (Francisco Rabal, 1926-2001) im *EUR*. Vittoria (Monica Vitti, geb. 1930) verlässt ihn und beendet die langjährige Beziehung nachdem sie die Nacht durchdiskutiert haben, wie aus ihrem Dialog hervorgeht. Vittorias Gang von Riccardos Wohnung zu ihrer eigenen führt an emblematischen Gebäuden des modernen Vorzeigequartiers *EUR* vorbei. In der Antonioni-Literatur wie auch hier wird der soeben beschriebene Teil als Prolog bezeichnet. Im Fortlauf des Films gewinnen die Zu-

---

45 Ebd., S. 23.

46 Siehe Lotman [1970] 1973.

47 Siehe Gräf et al. 2011, S. 188f.

48 Rifkin 1982, S. 23.

49 Vgl. ebd., S. 23; Kiefer 2008, S. 40.

50 Schenk 2008, S. 70.

51 Das Akronym EUR steht für die *Esposizione Universale di Roma*. Da es sich um ein Stadtquartier handelt, wird in dieser Arbeit der neutrale Artikel verwendet, also ‚das EUR'; siehe dazu auch Bauers Verwendung in Bauer 2009.

schauer*innen episodenhaft Einblick in verschiedene, Vittoria vertraute sowie von ihr erstmalig betretene Innen- und Außenräume. Dazu gehören der Besuch bei ihrer britischen Nachbarin Marta (Mirella Ricciardi, geb. 1931), die in der britischen Kolonie Kenia aufgewachsen ist, sowie der Flug nach Verona mit ihrer befreundeten Nachbarin Anita (Rossana Rory, geb. 1927).[52] Vittoria sucht nach dem Abschied von Riccardo ihre Mutter (Lilla Brignone, 1913-1984) auf, um ihr von der Trennung zu berichten. Die Witwe hat jedoch kein offenes Ohr für die privaten Sorgen ihrer Tochter, da sie sich, wie andere Privatpersonen, dem Börsengeschäft verschrieben hat. Zwischen dem jungen Börsenhändler Piero (Alain Delon, geb. 1935), dem sich die Mutter bezüglich ihrer Börsengeschäfte anvertraut hat, und Vittoria scheint in der Folge eine Liebesbeziehung zu entstehen. Die beiden treffen sich jeweils im *EUR* und besuchen sich gegenseitig in den Wohnungen ihrer Eltern im *Centro Storico*. Die Filmhandlungen folgen keinem konventionellen Erzählverlauf, sondern vermitteln in ihrer Episoden- und Momenthaftigkeit vielmehr die Unmöglichkeit der Kommunikation. Schließlich löst sich die Erzählung gar auf: Nach für den Handlungs- und Beziehungsverlauf vielversprechend scheinenden Liebesspielen zwischen Vittorio und Piero in dessen Büro geloben die beiden, sich jeden Tag zu sehen und vereinbaren, sich am selbigen Abend am gewohnten Treffpunkt im *EUR* zu treffen. Das Versprechen bleibt uneingelöst. Der Film schließt mit einer 7-minütigen Sequenz als Epilog ab, die das *EUR* bei Dämmerung zeigt. Es wird Nacht. Die beiden Protagonist*innen bleiben aus. Es zeigen sich die Leere und Stille des Stadtraums. Die letzte Einstellung wartet mit der Großaufnahme einer elektrischen Straßenlampe auf und damit mit dem „Bild einer

---

52 Antonioni verpasste den Figuren in *L'Eclisse* biographische Züge der Schauspieler*innen: Rabal war Spanier, entsprechend übersetzt Vittoria im Film dessen spanische Texte ins Italienische. ‚Vittoria' könnte eine Anlehnung auf den Künstlernamen Monica Vitti sein, die eigentlich Maria Luisa Ceciarelli heißt. Ricciardi, die im Film Marta verkörpert, war tatsächlich am See Naivasha in Kenia aufgewachsen und portraitierte als Fotografin Afrika, worauf die Fotografien und Bildbände in ihrer Wohnung anspielen. Siehe Mirella Ricciardi, 1974. Vanishing Africa, London.

gerade aus der Künstlichkeit der Moderne entstehenden falschen Sonnenfinsternis als möglicher (atomarer?) Apokalypse“[53].

Die Interessensschwerpunkte der vorliegenden Studie richten sich auf die spezifische, filmische Raumkonstruktion sowie die filmische Inszenierung des Stadtquartiers *EUR* und dem darin mitschwingenden Bezug zur realwirklichen Geschichte und Gegenwart der im Film behandelten Welt. Demnach wird erstens durch eine Einstellungsanalyse des Filmprologs dargelegt, wie Michelangelo Antonioni über die filmische Raumkonstruktion, die sich zwischen Bildräumlichkeit und Bildflächigkeit zeigt, auf sein Filmschaffen referiert. Es wird aufgezeigt, dass letzteres sowie die offene Erzählstruktur bewirken, dass alles im durchkomponierten Filmbild Gezeigte und Sichtbare einfordert, wahrgenommen zu werden.[54] Die ins Filmbild gesetzten Architekturen werden zweitens im Rahmen der Inszenierung des Viertels *EUR* untersucht. Es wird argumentiert, dass das *EUR* nicht bloß aus rein visuellem Interesse als Schauplatz fungiert, sondern in ein Verhältnis zur damaligen Welt gesetzt ist. Damit gehen die Verdrängung der faschistischen Vergangenheit in der italienischen Gesellschaft sowie die damals aktuelle Gefahr eines Atomkrieges einher.

1.1 Theorien, Methodik und Aufbau

In einer historiographischen Darstellung wird im Anschluss aufgeführt, wie Film und Raum bisher in der Forschung diskutiert wurden. Offenbar besteht hier ein Zusammenhang mit der Frage nach

---

53 Kiefer 2008, S. 40. *La Notte* und *L'Eclisse* sind im Vergleich zu Antonionis vorherigen Filmen in ihrer Inszenierung kälter denn je. Vgl. Kiefer 2008, S. 40. Zu *L'Eclisse* bewogen hat Antonioni eine Sonnenfinsternis, deren Auswirkungen auf die Welt er auch auf die menschlichen Gefühle übertragen vermutete: „Nel 1962 ero a Firenze per girare un'eclissi di sole. Il silenzio, diverso da tutti gli altri silenzi, la luce terrea e poi il buio, l'immobilità totale. Durante l'eclisse probabilmente si fermano anche i sentimenti, ho pensato. Da quella sensazione è un po' nato *L'eclisse*..." Antonioni [1979] 2001, S. 174 („1962 war ich in Florenz, um eine Sonnenfinsternis zu filmen. Die Stille, anders als jegliche andere, das irdene Licht und dann die Dunkelheit, totale Regungslosigkeit. Während der Sonnenfinsternis stehen auch die Gefühle still, dachte ich. Ein wenig aufgrund dieses Eindrucks ist auch *L'eclisse* entstanden..." Übers. J.M.).

54 Vgl. Schenk 2008, S. 71.

dem Verhältnis von Film und Realität, was auch Antonioni bezüglich seines Wahrheitsanspruchs an das eigene Filmschaffen immer wieder angesprochen hat. Die Nachzeichnung der Film-Raum-Forschung mündet in dem filmanalytischen Ansatz, der hier verfolgt wird, namentlich jenem von Rhaid Khouloki, der auf David Bordwell und Kristin Thompson und deren neoformalistische Filmtheorie aufbaut.

Der im zweiten Kapitel für die werkimmanente Filmanalyse angewendete methodische Ansatz erschließt sich aus Khoulokis Artikel *Zur Analyse und Bedeutung filmischer Raumkonstruktion am Beispiel von THE WILD BUNCH* (2012)[55] sowie seiner 2007 in *Der filmische Raum – Konstruktion, Wahrnehmung, Bedeutung*[56] präsentierten Typologie filmischer Raumkonstruktionen. Laut Khouloki werden letztere immer in ihrem narrativen Kontext analysiert, womit filmanalytisch in die Mikrostrukturen audiovisueller Bewegungsbilder vorgedrungen werden kann, um die komplexen Zusammenhänge zu erklären, die die ästhetische Erfahrung in der Filmrezeption konstituieren.[57] Khouloki erklärt, dass er sich mit diesem Untersuchungsansatz an die von Ulrich Oevermanns entwickelte *Objektive Hermeneutik*[58] anlehnt.[59] Mit dem Ziel, die jeweiligen Bedeutungspotenziale aufzuzeigen, muss diese Untersuchung mit Bordwells materialorientiertem und kognitionstheoretischem Ansatz berücksichtigen, dass sich Bedeutung und narrative Zusammenhänge in der Filmrezeption prozessual erschließen.[60] In

---

55 Khouloki 2012.

56 Khouloki 2007.

57 Vgl. Khouloki 2012, S. 157.

58 Wie die Hermeneutik allgemein die Dechiffrierung von Texten anstrebt, will die *Objektive Hermeneutik* nach Oevermann die ‚soziale Grammatik' offenlegen, welche sich in der Struktur der Ausdrucksgestalten oder Texten zeigt. Vgl. die Ausführungen zur Methode in: Ulrich Oevermann, 2002. Klinische Soziologie auf der Basis der Methodologie der objektiven Hermeneutik – Manifest der objektiv hermeneutischen Sozialforschung, S. 2ff, https://www.ihsk.de/publikationen/Ulrich_Oevermann-Manifest_der_objektiv_hermeneutischen_Sozialforschung.pdf (Stand 27.12.2018).

59 Vgl. Khoulouki 2007, S. 36 und dort der Verweis auf: Ulrich Overmann, Tilman Aller, Elisabeth Konau u. Jürgen Krambeck. Die Methodologie einer ‚objektiven Hermeneutik' und ihre allgemeine forschungslogische Bedeutung in den Sozialwissenschaften, in: Hans Georg Soeffner (Hg.), 1979. Interpretative Verfahren in den Sozial- und Textwissenschaften, Stuttgart, S. 352-434.

60 Khouloki 2012, S. 157f.; Khouloki 2007, S. 36.

der vorliegenden Arbeit dient diese Methode der detaillierten Einstellungsanalyse als Grundlage,[61] um anhand verschiedener Aspekte, die damit in Erscheinung treten, das ‚Modernistische' in Antonionis Filmschaffen erörtern zu können. Wie bisher bereits ersichtlich wurde, bezieht sich die Besprechung des Films vielfach auf Zitate des Regisseurs. Dieses Vorgehen findet mit Carlo di Carlo seine Bestätigung: Dieser hält fest, dass Antonionis Aussagen eine hohe Relevanz zukommt, auch wenn dies im Widerspruch zu seiner Beteuerung steht, er hätte über seine Filme nichts zu sagen, da diese für sich selbst sprechen müssten.[62]

Ausgehend von Antonionis Anspruch auf die Auseinandersetzung mit der Realwirklichkeit, den Erkenntnissen der Prolog-Analyse und dem Wissen um das Primat der Drehorte wird im 3. Kapitel das Augenmerk auf den Hauptschauplatz *EUR* gelegt. Das im Süden Roms befindliche *EUR* (*Esposizione Universale di Roma*) geht zurück auf die *Esposizione 42/E42* als Mussolinis größtes und bedeutendstes urbanistisches Projekt,[63] das sich ab der Nachkriegszeit zu einem modernen Vorzeige-Stadtteil entwickeln sollte. Die in dieser Arbeit mitgelieferte historische Kontextualisierung erlaubt eine umfassendere Analyse der Inszenierung des Quartiers in *L'Eclisse*. Es wird dementsprechend herausgearbeitet, *welche* Bereiche und Gebäude in Film *wie* ins Bild gerückt sind und ebenso erläutert, *weshalb* das realisierte faschistische Zentrum im Film nicht gezeigt wird. Damit wird das *EUR* nicht bloß im semantischen Sinne als topologisch erfasst – beispielsweise wie die Baustelle als Treffpunkt von Vittoria und Piero für deren Beziehungsstatus stehen kann[64] –, sondern auch im Bezug zur damaligen Welt, aus der der Film hervorgegangen ist. Dies liefert das Gegenargument zu Rifkin, der rein

---

61 Vgl. Khouloki 2012, S. 158.

62 Vgl. Carlo di Carlos Einleitung in Antonioni 1996, S. xi; siehe auch Christen 2002, S. 113; „Io non sono un teoretico del cinema. Lei mi chiede che cosa sia la regia e la prima cosa che mi viene in mente di rispondere è che non lo so. La seconda è che le mie opinioni al riguardo sono contenute nei miei film." Antonioni [1960] 2001, S. 123f. („Ich bin kein Filmtheoretiker. Sie fragen mich, was Regie ist und das erste, was mir als Antwort einfällt ist, dass ich es nicht weiß. Der zweite Gedanke ist, dass meine diesbezüglichen Meinungen in meinen Filmen enthalten sind." Übers. J.M.).

63 Vgl. Lampugnani 2011, S. 491; Bauer 2009, S. 269.

64 Vgl. Rifkin 1982, S. 37.

visuelle Qualitäten als entscheidendes Auswahlkriterium für Antonionis Schauplätze erachtet.[65] Die Untersuchung wird vervollständigt, indem sie sich der kontrastreichen Gegenüberstellung von *EUR* und römischem *Centro Storico*, welche der Film liefert, widmet.

Die abschließende Zusammenführung der gewonnenen Ergebnisse und Erkenntnisse mündet in der Betrachtung des Verhältnisses der Filmwelt zur realwirklichen Welt.

1.2 Theorien zu Film und Raum: Eine Historiographie nach Regine Prange

Die 2012 erschienene Publikation *Film als Raumkunst, Historische Perspektiven und aktuelle Methoden* kommt einem Desiderat nach, insofern noch die jüngere Forschung bisweilen moniert, dass das Raumthema im Film noch wenig untersucht wurde. Im ersten Kapitel *Zur Theoriegeschichte der filmischen Raumkonstruktion und ihrer Aktualität als Gegenstand einer historischen Bild- und Medienwissenschaft* liefert die Kunsthistorikerin Regine Prange eine Übersicht zu den existierenden Theorien zum Raum im Film und deren gegenwärtiger interdisziplinären Bedeutung. Im vorliegenden Kapitel werden die wichtigsten filmtheoretischen Positionen aufgeführt, wobei einige im Besonderen in die Arbeit eingeflossen sind, vor allem jene von David Bordwell und Kristin Thompson, mit welchen der Überblick abschließt. Als zeitliche Orientierung sind die Jahre der Erstpublikation der besprochenen Werke jeweils aus dem Text oder aus der entsprechenden Fußnote zu entnehmen.

Vorweg legt Prange dar, dass jedes Filmwerk einen „künstlerischen Raum [konstruiert], der sich als Durchdringung des physischen, lebensweltlichen Raums und seiner Erfahrung, aber auch durch die Distanzierung von diesem bestimmt."[66] Diese von Rudolf Arnheim eingeführte Definition des künstlerischen Raums erhält gegenwärtig durch den *Spatial Turn* und den damit einhergehenden Raumtheorien mediengeschichtliche Aktualität.[67] In sich Konzepte aus Kunst-, Literatur- und Filmtheorie vereinend, erfordert

[65] Vgl. ebd., S. 23.
[66] Prange 2012, S. 12.
[67] Vgl. ebd. S. 12.

die Analyse des ästhetischen Raums zusammen mit Raumtheorien anderer Disziplinen eine transdisziplinäre Erschließung.[68] Die theoretischen Filmraum-Reflexionen verhandeln die Klärung der Konstruktionsgesetze des populären Erzählfilms sowie ihre historische Herausbildung, zudem konzentrieren sie sich auf alternative Entwürfe und Produktionsformen, welche die Entgrenzung oder Dekonstruktion dieses geschlossenen ästhetischen Raums anstreben.[69] Den Status des Films als Kunst legitimierten Überlegungen zur filmischen Konstruktion des Raums als ein neu geschaffener, als einer jenseits der physischen Realität. Laut Hugo Münsterberg musste der körperliche Raum „durch das Licht verfliegender Körperlosigkeit ersetzt werden."[70] Für Wsewolod Pudowkin war es die „plastische Synthese der Montage", die den filmischen Raum „als ein Gebilde von realen Elementen, die durch die Kamera aufgegriffen werden"[71], produziert. Rudolf Arnheim hat schließlich das erste theoretische, von wahrnehmungspsychologischen Überlegungen ausgehende Konzept des filmischen Raums entwickelt. Prange kritisiert jedoch an Arnheim, der seine Raumtheorie auf kunsthistorischen Methoden gründete, eine rein bildkünstlerische Konstruktion des Filmraums.[72] Der Kunsthistoriker Erwin Panofsky war es, der später die Möglichkeiten des Kinofilms als „Dynamisierung des Raums", als gelingende Synthese von Raum und Zeit und damit sinnfällige Verknüpfung von Bild und Handlung würdigen sollte. Er sah den Film gar als legitimen Nachfolger des neuzeitlichen Historienbildes.[73]

Im Sinne seines sozialistischen Ideals zielte Sergej Eisenstein darauf ab, den Film „als einen Faktor emotionaler Einwirkung auf

---

68 Siehe dazu Jörg Dünne u. Stephan Günzel (Hg.), 2006. Raumtheorie, Grundlagentexte aus Philosophie und Kulturwissenschaften, Frankfurt am Main.

69 Vgl. Prange 2012, S. 12f.

70 Hugo Münsterberg, [1916] 1996. Das Lichtspiel, Eine psychologische Studie und andere Schriften zum Kino, hg. u. übers. v. Jörg Schweinitz, Wien, S. 85f., zitiert nach Prange 2012, S. 13.

71 Wsewolod Pudowkin, 1928. Der Film-Regisseur, in: Filmregie und Filmmanuskript, Berlin, S. 74, zitiert nach Prange 2012, S. 15.

72 Vgl. Prange 2012, S. 15.

73 Panofsky [1936] 1993, S. 22; vgl. Prange 2012, S. 17.

die Massen"[74] einzusetzen und mit der filmischen Agit-Kunst die Massen zum Klassenkampf zu bewegen. Eisenstein strebte nicht wie Pudowkin Linearität der Handlung und einheitliches Sujet durch Montage an, sondern die Reihung exemplarischer, typischer Momente als „allseitige Darstellung"[75] gesellschaftlicher Fakten.[76]

Zunehmend dem Verdacht illusionärer Verformung oder formalistischer Abstraktheit ausgesetzt, zeichnete sich in der Folge eine neue Sicht auf die mimetischen Potenziale des Films ab. Dazu diente Béla Balálzs „physiognomischer" Zugang des Films zur Realität als Ausgangspunkt, indem Großaufnahmen die „kleinen Momente" des Lebens zeigen sollten.[77] Neben der Vermittlung einer Handlung wurde zusätzlich emphatisch auf die Erkenntnis der im alltäglichen Leben verstellten Wirklichkeit Bezug genommen. Mit Walter Benjamins Theorie des Aurazerfalls begann eine Aufwertung des Films als technisches Reproduktionsmittel. Damit ging eine Revision der bürgerlichen Kontemplationsästhetik mit der dem Film eigenen apparativen Durchdringung der Wirklichkeit einher, aus der gleichsam eine „zweite Natur" hervorgehen sollte. Benjamin verglich die Arbeit des Kameramanns mit jener des Chirurgen. Die Zergliederung der Wirklichkeit eröffnend sah Benjamin einen neuen Raum der Erfahrung:[78]

> „Unsere Kneipen und Großstadtstraßen, unsere Büros und möblierten Zimmer, unsere Bahnhöfe und Fabriken schienen uns hoffnungslos einzuschließen. Da kam der Film und hat diese Kerkerwelt mit dem Dynamit der Zehntelsekunden gesprengt, so daß wir nun zwischen ihren weitverstreuten Trümmern gelassen abenteuerliche Reisen unternahmen."[79]

Die Theoriediskussion der Nachkriegszeit wurde nicht mehr von der marxistischen und aufklärerischen Position Benjamins geprägt, sondern von André Bazin, der eine authentische Realitätserfahrung

---

74 Sergej Eisenstein, [1924] 1991. Montage der Filmattraktionen, in: Ders., Das dynamische Quadrat, Schriften zum Film, hg. v. Oksana Bulgakova, Leipzig, S. 17-45, hier S. 17, zitiert nach Prange 2012, S. 17.

75 Vgl. Prange 2012, S. 17.

76 Ebd.

77 Vgl. Prange 2012, S. 14, 18; Kracauer [1960] 2005, S. 465; siehe dazu auch Béla Balázs, [1924] 2001. Der sichtbare Mensch oder die Kultur des Films, Frankfurt am Main, zitiert nach Prange 2012, S. 14.

78 Vgl. Prange 2012, S. 19.

79 Benjamin [1935] 1973, S. 41.

im Film forderte, dies mit einer normativen Anwendungsempfehlung der filmischen Mittel.[80] Bazin plädierte für die aktiven Zuschauer*innen, was durch eine Verminderung der „diktatorischen" Blicklenkung durch die Montage verstärkt gefördert werden sollte:[81] „Die in der ‚langen Einstellung' gewahrte Einheit des Orts bürge für Authentizität, weil sie den Realraum unversehrt lasse und statt abstrakter Zeit die konkrete Dauer eines Handlungsgeschehens sichtbar mache."[82] Das damit einhergehende Prinzip der Tiefenschärfe sah Bazin insbesondere im italienischen Neorealismus umgesetzt. Siegfried Kracauer seinerseits erkannte im Film die dokumentarische Qualität des Fotografischen und erwartete vom Kino gar die Förderung der „Errettung physischer Realität"[83]:

> „Seine Bilder gestatten uns zum ersten Mal, die Objekte und Geschehnisse, die den Fluß des materiellen Lebens ausmachen, mit uns fortzutragen. [...] Doch um uns die physische Realität erfahren zu lassen, müssen Filme wirklich zeigen, was sie zeigen."[84]

Kracauers Ansatz war gemäß Prange eher an Benjamins politische Erwartungshaltung als an Bazins ontologisierendes Konzept geknüpft. Den abstrakten filmischen Raum westlicher Regisseure kritisierte er als inhaltsleer, dürfe die realistische Tendenz des Mediums doch nicht der Formgebung geopfert werden. Durch das Exponieren des Realraums traute Kracauer dem Kino gar zu, gesellschaftliche Konventionen und Ideologien entlarven zu können.[85]

In der Folge war es Eric Rohmer, der den Kinofilm Prange zufolge erstmals explizit als Raumkunst festlegte.[86] Die filmischen „Bemühungen um Raumausdruck"[87] würdigte er, da der „Filmraum [...] im Unterschied zum Bühnenraum durch das Wechselspiel der Einschränkung der sichtbaren Bildoberfläche und der Weite des gesamten Handlungsortes definiert [ist]."[88]

---

80 Vgl. Prange 2012, S. 19f.
81 Vgl. ebd., S. 20.
82 Ebd., S. 20.
83 Kracauer (1960) 2005, S. 460. Siehe dazu das Kapitel *Die Errettung der physischen Realität*, S. 461-466.
84 Kracauer [1960] 2005, S. 461; vgl. Prange 2012, S. 20.
85 Vgl. Kracauer [1960] 2005, S. 459f.; Prange 2012, S. 20.
86 Vgl. Prange 2012, S. 19f.
87 Rohmer [1948] 2006, S. 516.
88 Rohmer [1948] 2006, S. 515.

Den *Linguistic turn* der Filmtheorie leiteten laut Prange Étienne Souriau und Jean Mitry ein, die jedoch noch beide die ästhetische Totalität der filmischen Raumkonstruktion im Sinne der älteren Theorietradition betonten.[89] Als ein grundlegender Text für Raum- und Erzählstruktur in Filmen kann Étienne Souriaus Aufsatz *Die Struktur des filmischen Universums und das Vokabular der Filmologie*[90] angesehen werden. Darin wird eine Unterscheidung zwischen dem zweidimensionalen Raum auf der Leinwand, innerhalb dessen Kader alles Gezeigte erscheint, und dem diegetischen[91] Raum als dreidimensionaler Raum, in dem sich die Geschichte abspielt, getroffen.[92] Souriaus filmologisches Vokabular ermöglichte erstmals eine „trennscharfe Differenzierung der verschiedenen filmischen Wirklichkeitsebenen."[93]

Jean Mitry ist nach Prange als Schwellenfigur zwischen den älteren, visuell fokussierten und den neueren, durch Christian Metz eingeleiteten, linguistisch-semiotischen Theorien zu betrachten. Mit seiner *Esthétique et psychologie du cinéma* (1963)[94] lieferte Mitry die erste umfassende akademische Filmtheorie, in der auch eine Geschichte dieser umrissen wurde.[95] Letztlich verankerte Mitry „das Wesen des filmischen Zeichens [...] im Flächenraum der Repräsentation und nicht im Tiefenraum des Albertinischen Fensters."[96] Dies erklärt Mitry im Kapitel über *Le Fond et la Forme* an Paul

89 Vgl. Prange 2006, S. 21f.

90 Original: Étienne Souriau, 1951. La structure de l'univers filmique et le vocabulaire de la filmologie, in: Revue internationale de Filmologie, 7-8, S. 231-240.

91 Die *Diegese* findet in der Folge Eingang in Gérard Genettes Erzähltheorie. Siehe Genette [1972] 2010.

92 Souriau [1951] 1997, S. 144, 156f.

93 Prange 2012, S. 22.

94 Jean Mitry, [1963] 1990. Estehtique et psychologie du cinéma, Paris.

95 Vgl. Prange 2012, S. 22f.

96 Ebd., S. 23. Mit dem Albertinischen Fenster ist Leon Battista Albertis in seinem Malerei-Traktat *De Pictura* (1435)/*Della Pittura* (1436) beschriebenes Verfahren angesprochen, bei dem er sich für eine räumliche Bildanlage den Durchblick durch ein Fenster als Hilfestellung vorstellt: „Principio, dove io debbo dipingere scrivo uno quadrangolo di retti angoli quanto grande io voglio, el quale reputo essere una finestra aperta per donde io miri quello che quivi sarà dipinto; [...]." Die deutsche Übersetzung lautet: „Als Erstes zeichne ich auf der zu bemalenden Fläche ein rechtwinkliges Viereck von beliebiger Größe; von diesem nehme ich an, es sei ein offenstehendes Fenster, durch das ich betrachte,

Cézannes Stillleben, die in ihrer malerischen Textur das Sujet hervorbringen statt diesem zu dienen.[97]

Mit den sezessionistischen Tendenzen des europäischen Autorenkinos, das mit den Hollywood-Regeln radikal brach, lieferte Noël Burch mit *Une praxis du cinéma* (1969)[98] eine gemäß Prange erste umfassende Theorie des filmischen Raums. Diese implizierte zugleich eine Begründung avantgardistischer Positionen: Ein Weg, der von der pseudoliterarischen Ausrichtung des Films und der Vorstellung von räumlicher Kontinuität zur Desorientierung der Zuschauer*innen als zentrales filmisches Prinzip führte. Zudem operierte Burch erstmalig mit der systematischen Unterscheidung von l'*espace du champs* (*Onscreen Space*), „constitué par tout ce que l'œil perçoit sur l'écran"[99] und l'*espace-hors-champ (Offscreen Space)*.[100] Letzteren unterteilte Burch in sechs „segments"[101], die er vereinfacht so umriss: Die ersten vier Segmente sind bestimmt durch die vier Ränder des Filmbild-Kaders, das fünfte Segment steht für den Raum hinter der Kamera, das sechste für denjenigen hinter dem Dekor.[102]

Mit den Apparatus-Theorien[103], zu denen Autoren wie Jean-Louis Baudry, Jean-Louis Comolli oder Marcelin Plynet zählen, wandte sich die Filmtheorie in den 1970er-Jahren marxistischen und psychoanalytischen Theorien des filmischen Raums zu. Kennzeichnend „ist einerseits die ideologiekritische Durchdringung des po-

---

was hier gemalt werden soll; […]." Leon Battista Albert [1436] 2007. *Della* Pittura – Über die Malkunst, hg. v. Oskar Bätschmann u. Sandra Gianfreda, 2. unveränd. Aufl., Darmstadt, S. 92 u. S. 93.

97 Vgl. Mitry [1963] 1990, S. 462.

98 Noël Burch, [1969] 1986. Une praxis du cinéma, Paris.

99 Ebd., S. 39.

100 Burch [1969] 1986, S. 39f.

101 Ebd., S. 39.

102 Vgl. ebd.; siehe Prange 2012, S. 24-27; zu *Onscreen* und *Offscreen* siehe auch: Hans Beller, Martin Emele u. Michael Schuster (Hg.), 2000. Onscreen/Offscreen, Grenzen, Übergänge und Wandel des filmischen Raums, Stuttgart. Burch – aufgewachsen in den USA – verwendet den Begriff *Off* mehrmals in seiner französischen Originalausgabe, Burch [1969] 1986, S. 41, 43, 44f, 48-50, 52f, 54, 56f.

103 Siehe dazu Prange 2012, S. 29-31.

pulären Erzählkinos, andererseits die Konzeptualisierung alternativer, selbstkritischer Formen der Anwendung filmischer Technik."[104]

Seinem Artikel *Narrative Space*[105] stellte Stephen Heath die Äußerung „It is precise that 'events *take place*'"[106] des Experimentalfilmers Michael Snow voran. Im Anschluss untersuchte Heath jedoch eher die konventionelle, erzählerische Funktionalisierung der filmischen Raumkonstruktion, doch mit dem bewussten Bezug zum Experimentalfilm wird klar, dass Heath mehr anstrebte als eine filmische Erzählgrammatik. Prange spricht Heaths Text insofern einen Schlüsselcharakter zu, als dass dieser die Apparatus-Theorie mit weiteren wichtigen zeitgenössischen Positionen verknüpfte beispielsweise mit der psychoanalytischen Suture-Theorie.[107] Diese wurde vor allem von Jacques-Alain Miller und Jean-Pierre Oudart bereits Ende der 1960er-Jahre in die Filmwissenschaft eingeführt.[108] Mit der *Suture* – wörtlich zu verstehen als ‚Naht' – ist die ‚Schließung' einer filmischen Einheit gemeint, was exemplarisch im Schuss-Gegenschuss-Verfahren vollzogen wird: „[Z]wischen den zwei konträren filmischen Feldern der Präsenz und der Absenz [...] oszilliert die Wahrnehmung des Betrachtersubjekts, das sich, indem es in diesen cinematischen Diskurs eintritt, selbst konstituiert."[109] Lacans Theorie des narzisstischen Spiegelstadiums als Bildner der Ich-Funktion lieferte die Grundlage für diese neue systematische Einbeziehung des Sehaktes.[110] Sich von der Apparatus-Theorie und psychoanalytischen Fragen der filmischen Subjektkonstruktion abwendend, machten David Bordwell und Kristin

---

104 Ebd., S. 30.

105 Stephen Heath, [1976] 1986. Narrative Space, in: Narrative, Apparatus, Ideology, A Film Theory Reader, hg. v. Philip Rosen, New York, S. 378-420. Vgl. auch Prange 2012, S. 31.

106 Heath [1976], S. 378.

107 Vgl. Prange 2012, S. 31.

108 Siehe dazu Rothemund 2012, S. 61; Heath [1976] 1986, S. 403f., 410; Prange 2012, S. 27-29. Zu Oudart siehe: Jean-Pierre Oudart, 1969. La Suture [Teil 1], in: Cahiers du Cinéma, 211, S. 36-39; Jean-Pierre Oudart, 1969. La Suture [Teil 2], in: Cahiers du Cinéma, 212, S. 50-55; Jean-Pierre Oudart, 1977/78. Cinema and suture, in: Screen, 4, S. 35-47, zitiert nach: Prange 2012, S. 27

109 Prange 2012, S. 27.

110 Vgl. Prange 2012, S. 27. Zu Lacan siehe: Jacques Lacan, [1949] 1986. Das Spiegelstadium als Bildner der Ichfunktion wie sie uns in der psychoanalytischen Erfahrung erscheint, in: Ders., Schriften I, 2. Aufl., Weinheim, S. 61-70.

Thompson ab den 1980er-Jahren den Weg frei zu einem kognitionstheoretischen Ansatz: Raumzeichen werden durch Hypothesenbildung aufgrund der erworbenen filmischen Raumwahrnehmungserfahrung der Betrachter*innen entschlüsselt.[111] Die sogenannte neoformalistische Filmanalyse der zwei Filmwissenschaftler*innen grenzt sich explizit und polemisch gegen hermeneutische Verfahren ab, die für sich beanspruchen, bei der Filminterpretation einen gesellschaftlich-symptomatischen Gehalt zu entschlüsseln. Vielmehr bestimmen die beiden die formale Gestaltetheit des Werks als eine *„Bedingung von Bedeutungsproduktion überhaupt"*[112]. So versuchen sie zu zeigen, wie die formalen Gegebenheiten eines Films den Verstehensprozess der Zuschauer*innen vorausweisen und leiten. In ihrer „analysis"[113], die dem Konzept des „reading"[114] gegenübergesetzt wird,[115] vereinen Bordwell und Thompson ein doppeltes Anliegen: Einerseits gilt es, die formale Gestaltetheit des Werks als Bedingung von Bedeutungsproduktion zu erfassen, andererseits sollen die spezifischen Verfremdungsverfahren und Normverstöße herausgearbeitet werden, mit denen der Film die Wahrnehmung der Zuschauer*innen entautomatisiert.[116] Die neoformalistische Filmanalyse entspricht sodann einem der drei Teilstücke im Gesamtforschungsprojekt von Bordwell und Thompson. Die *„kognitiv orientierte Theorie des Films"*[117] versucht das interaktive Verhältnis von Zuschauer*in und filmischer Textstruktur zu bestimmen und den Prozess filmischer Textverarbeitung schematheoretisch zu modellieren. Der Entwurf einer *„historischen Poetik des Films"*[118] soll die theoretische und methodologische Grundlage für eine *„Geschichte*

---

111 Vgl. Prange 2012, S. 35.

112 Hartmann/Wulff 1995, S. 12.

113 Ebd.

114 Ebd.

115 Vgl. ebd., S. 12.

116 Vgl. ebd., S. 11f.; Mit dieser ‚Entautomatisierung', die die Zuschauer*innen auf die filmische Metaebene holt beziehungsweise mit Bordwell eine „aesthetic distance" gewährt (Bordwell 1989, S. 57), sind insbesondere zwei Konzepte angesprochen: Viktor Shklovskys *ostranie,* was Bordwell mit „making-strange" (Bordwell 1989, S. 56) und Thompson mit „defamiliarization" (Thompson 1988, S. 10) übersetzt, und Bertold Brechts *Verfremdungseffekt* (Bordwell 1989, S. 57).

117 Hartmann/Wulff 1995, S. 6.

118 Ebd.

der filmischen Stile"[119] bereitstellen und muss als Bezugsrahmen des kognitiven Ansatzes und der einzelnen Filmanalyse betrachtet werden.[120] An die vorgestellten Theorien und Methoden anknüpfend, dienten in dieser Arbeit diverse Handbücher und Artikel von Bordwell und/oder Thompson als Grundlagentexte,[121] insbesondere für die Filmanalyse des Prologs im zweiten Kapitel. Auf Bordwells und Thompsons Ansatz baut auch Rayd Khouloki auf.[122] Khoulokis Ansätze und Analysemethoden, die sich unmittelbar auf die filmischen Gestaltungsmittel und deren Inszenierungspotenzial richten, fanden in der Prolog-Filmanalyse direkt Anwendung. Khoulokis heuristische Definition des filmischen Raums überzeugt, indem sie diesen prägnant fasst, weshalb sie als Ausblick auf und Grundlage für die Analyse im folgenden Kapitel herangezogen wird:

> „Der filmische Raum schafft die Illusion eines in sich geschlossenen, eigenständigen, homogenen, dreidimensionalen Universums. Die Montage und die mittlerweile nahezu beliebige Manipulierbarkeit des filmischen Bildes ermöglichen es, jede auf einer zweidimensionalen Fläche mögliche Raumvorstellung zu realisieren. Die spezifische Qualität filmischen Raums entfaltet sich zwischen der Künstlichkeit des Films (zweidimensionale Fläche, Fragmentarisierung und durch die Montage) und seinem starken Realitätseindruck (fotografisches Bild, Bewegung). Die einzelnen Einstellungen repräsentieren Fragmente des Raum-Zeit-Kontinuums des dargestellten Universums, das, so wird es suggeriert, vor Beginn der filmisch repräsentierten Zeit existiert hat und nach dem Ende auch weiterexistieren wird."[123]

---

119 Ebd.

120 Vgl. ebd., S. 6; allg. zu Bordwell und Thompson siehe auch Fritsch/Fritsch 2010, S. 47-54.

121 Siehe Bibliographie.

122 Siehe Khouloki 2012; Khouloki 2007.

123 Khouloki 2007, S. 15.

2. Filmische Raumkonstruktion in *L'Eclisse*

Für die Analyse der filmischen Raumkonstruktion werden einführend grundlegende Verfahren erläutert, welche die Basis für das detaillierte Einstellungsprotokoll der ersten Prolog-Hälfte von *L'Eclisse* bilden. Aufgrund dieser dichten Betrachtung werden Merkmale von Michelangelo Antonionis Raumkonstruktion herausgearbeitet, wie sie sich zu Beginn von *L'Eclisse*, der in einem Innenraum spielt, präsentieren und charakteristisch sind für den gesamten Film, inklusive dessen Außenraumaufnahmen. Ausgehend von dem im und durch den Film offerierten Angebot an Bezügen zur Fotografie und Malerei werden Aspekte zum Verhältnis von Raumkonstruktion und Bildkomposition besprochen. Nicht zuletzt liefert diese Untersuchung Argumente für die Einordnung Antonionis als modernistischer Filmemacher.

2.1 Grundlagen für die Erstellung und Analyse des Einstellungsprotokolls

Der Sukzessionsregel folgend lassen sich mit Thomas Koebner filmische Bilder, die meist etwas Realem entsprechen, das unabhängig von der Aufnahme besteht, danach unterscheiden, „wie sie einer *Realitätsprüfung* standhalten"[124]. Die den 24 Bildern pro Sekunde übergeordnete und „kleinste Einheit in der Satzfügung des Films"[125] ist die Einstellung als kontinuierliche Bildfolge zwischen zwei Schnitten.[126] Sie bietet sich als ein Bild dar, wenn auch ein sich häufig veränderndes, gegeben durch die Bewegung von Figuren und Objekten innerhalb des Bildes, durch die Bewegungen der Kamera oder durch eine Kombination von beiden.[127] Innerhalb des Einstellungsraums – der *Shot Space* bei David Bordwell –[128] ist zwischen *Mise en Scène* und *Mise en Images* zu unterscheiden. Die *Mise*

124 Koebner 2006, S. 64.

125 Ebd., S. 65.

126 Vgl. Gräf et al. 2011, S. 35; Koebner/Meder 2006, S. 10; Koebner 2006, S. 64f.

127 Vgl. Rothschild 2006, S. 52.

128 Vgl. Bordwell 1985, S. 113; ausführlicher dazu siehe Bordwell 1985, S. 113-116.

en Scène geht von einem theatralen, tiefengestaffelten Bedeutungsraum aus, bezeichnet die dort dargestellten Personen und Objekte, ihr Arrangement und ihre Choreographie[129], die Requisiten, Location sowie Kostüme und das Spiel der Schauspieler*innen.[130] Damit geht der Bezug auf die profilmische Wirklichkeit einher – oder mit Étienne Souriau gesprochen das, „was man gezielt und zweckgerichtet vor die Kamera stellt."[131] Rauminszenierung und Raumkonstruktion umfassen zudem die *Mise en Images*, die die Gestaltung der Bildfläche bezeichnet und die Raumvorstellung der Zuschauer*innen konstituiert: Kadrierung – die Definierung des Rahmens und damit die Festlegung des Ausschnitts –, Licht und Kameraführung sind hier ausschlaggebend.[132] Über die Einstellungen hinaus erfüllt in der Regel die Montage die Funktion der Organisation des Films in der Zeit und erzeugt den Eindruck eines homogenen Raums, in dem sich die erzählte Geschichte abspielt. Die Einstellungen werden so montiert, dass die Zuschauer*innen die jeweils darin gezeigten Raumausschnitte in Beziehung setzen können, woraus sich nach Bordwell eine *Cognitive Map*[133] ergibt:[134] „The perceiver constructs intershot space on the basis of anticipation and memory, favoring cause-effect schemata and creating a 'cognitive map' of the pertinent terrain."[135]

Filmischer Raum kann aufgrund des bisher Besprochenen und im Anschluss an Bordwell wie folgt zusammengefasst werden: Er ist als virtueller Raum zu begreifen, der aus der Interaktion zwischen der vorfilmischen Inszenierung als *Mise en Scène*, der Kamerarbeit beziehungsweise der Bildgestaltung als *Mise en Images* sowie der Verknüpfung der daraus resultierenden Aufnahmen zum Montageraum entsteht.[136] Zum *Shot Space* als Einstellungsraum aus *Mise en Scène* und *Mise en Images* und zum *Editing Space* (Montageraum) zählt Bordwell zudem den *Sonic Space* (Klangraum), wobei

---

129 Hier und in der weiteren Verwendung dieses Begriffs im Verlauf dieser Arbeit ist gemäß Kholouki die Figurenbewegung gemeint. Vgl. Khouloki 2012, S. 158.

130 Vgl. Khouloki 2012, S. 158; Prümm 2006, S. 16.

131 Souriau [1951] 1997, S. 147.

132 Vgl. Khouloki 2012, S. 158f.; Liptay 2006, S. 110f.; Prümm 2006, S. 30f.

133 Zum Begriff der ‚Cognitive Map' siehe Bordwell 1985, S. 117.

134 Vgl. Khouloki 2007, S. 86f.

135 Bordwell 1985, S. 117.

136 Vgl Fischer 2012, S. 276.

jeder dieser Räume wiederum den *Onscreen-* und den *Offscreen-*Raum involviert.[137]

Rayd Khoulokis Methode einer werkimmanenten Herangehensweise, die an die *Objektive Hermeneutik* nach Ulrich Oevermann und an David Bordwells kognitionstheoretischen Ansatz anschließt,[138] liefert die Methode für die hier vorgenommene Teilanalyse des ungefähr 15-minütigen Prologs. Die erste Hälfte davon – der gewählte Ausschnitt ist hinreichend repräsentativ für die gesamte Bildsprache und Raumkonstruktion des Films – wurde Einstellung für Einstellung hinsichtlich der filmischen Raumkonstruktion untersucht. Freilich resultiert daraus nicht die Rekonstruktion einer tatsächlichen Filmerfahrung, sondern vielmehr eine idealisierte. Eine vorausgesetzte Grundannahme dieser Methode ist, dass filmische Inszenierungen sich nach Konventionen richten, die sich im Laufe der Filmgeschichte ausgebildet haben und aufgrund derer die Zuschauer*innen – hier als idealisierte aufgefasst[139] – die filmische Darstellung und schließlich die Geschichte nachvollziehen und interpretieren können.[140] Bordwell formulierte dies folgendermaßen: „In our culture, the perceiver of a narrative film comes armed and active to the task. She or he takes as a central goal the carving out of an intelligible story."[141] Jeder Film entwickelt dabei

---

137 Vgl. Bordwell 1985, S. 113; ausführlicher dazu siehe Bordwell 1985, S. 113-120.

138 Siehe dazu die Ausführungen über Theorien zu Film und Raum sowie über die Methoden im 1. Kapitel.

139 Antonioni auf Pierre Billards Frage, ob es einen Moment in der Realisation gebe, indem er ans Publikum oder dessen Reaktion denke: „Non penso mai al pubblico, penso al film. Naturalmente c'è sempre un interlocutore, ma è un interlocutore ideale (forse un altro me stesso). Se non fosse così non saprei proprio su quali elementi basarmi [...]." Antonioni [1965] 2001, S. 130 („Ich denke nie ans Publikum, ich denke an den Film. Natürlich gibt es immer einen Dialogpartner, doch es ist ein idealer Dialogpartner (vielleicht ein anderes Ich). Wenn es nicht so wäre, wüsste ich nicht, auf welche Elemente ich mich stützen sollte [...]." Übers. J.M.).

140 Vgl. Khouloki 157f.

141 Bordwell 1985, S. 38f.; Gemäß Bordwell und Thompson sind es so genannte *Cues*, die die Zuschauer*innen ständig am Entschlüsseln sind: „Our ability to spot cues, to see them as forming systems, and to create expectations is guided by our real-life experiences and our knowledge of artistic conventions. In recognizing film form, then, the audience must be prepared to understand formal cues through knowledge of life and of other artworks. But what if the two principles come into conflict? [...] All stylized art from opera, ballet, and pantomime to slapstick comedy, depends on the audience's willingness to suspend the laws of ordinary experience and to accept particular conventions. [...] Eventually,

zugleich eine eigene Struktur, weicht von Regeln ab oder bricht diese. Von individuellen Elementen müssen filmästhetische Konventionen wie die 180-Grad-Regel[142] unterschieden werden. Sie gelten in der hier präsentierten Analyse als Orientierungshilfe, von der aus Raumkonstruktionen und signifikante Abweichungen besser beschreibbar werden.[143]

Im Rahmen der Analyse der filmischen Raumkonstruktion in *L'Eclisse* wurde im ausführlichen Einstellungsprotokoll der repräsentativen gut acht Minuten des Prologs schwerpunktmäßig das Verhältnis von *Mise en Scène* und *Mise en Images* studiert. Dies erfolgte durch die Herausarbeitung der Gewichtung dieser beiden Kategorien in der Betrachtung der jeweiligen Einstellung. So fasst der Zuschauer*innenblick bei Figuren- und/oder Objektbewegungen und bei weiten Einstellungsgrößen das Filmbild räumlich auf, das heißt, die *Mise en Scène* wird als filmischer Bildraum wahrgenommen. Dagegen überwiegt die flächige Wahrnehmung der *Mise en Images* als filmisches Bildfeld beispielsweise bei einer Nahaufnahme, insbesondere bei frontalen Einstellungen vor nahe herangerücktem Hintergrund.[144] Zudem interessiert in diesem Zusammenhang inwieweit die Figuren den *Offscreen* beziehungsweise das

---

the new systems offered by such unusual works may themselves furnish conventions and thus create new expectations." Bordwell/Thompson 2008, S. 59.

142 Um die Orientierung der Zuschauer*innen im Raum nicht zu stören, und damit das sog. *Continuity System* aufrecht zu erhalten, fordert die 180 Grad-Regel, dass bei der Montage von Einstellungen eine zwischen den handelnden Figuren etablierte Handlungsachse nicht übersprungen wird. Vgl. Bienk 2006, S. 69f.; siehe auch Beller 2000, S. 13f.; Heath 1986, S. 395f. Das *Continuity System*/Kontinuitätsprinzip (Bordwell/Thompson 1976, S. 62), auch *Continuity Style* (Bordwell/Thompson 1976, S. 42, 44, 56, 61) oder *Continuity Editing* (vgl. Thompson 1995, S. 50) entstammt dem klassischen Hollywood-Kino der 1930er/40er-Jahre und legt Montageregeln fest, die eine Szene als Einheit wahrnehmen lässt. Dazu gehört auch die 30-Grad-Regel: Die Kameraposition einer Einstellung zur vorherigen bei gleichem Raum, Sujet sowie identischer Einstellungsgröße, muss sich demnach um mindestens 30 Grad unterscheiden. Vgl. Beller 2000, S. 16f. Die *Matching Action* beziehungsweise der *Match Cut* bezeichnet zudem alle nach dem Kontinuitätsprinzip aneinander angepassten Einstellung. Vgl. Beller 2000, S. 35f.

143 Vgl. Khouloki 2012, S. 158.

144 In der folgenden Filmanalyse wird abgekürzt von Bildraum und -feld gesprochen, womit der/das Filmische angesprochen ist, sofern nicht anders erläutert.

Hors champ[145] aktivieren und wie beziehungsweise ob der Wohnzimmerraum, in dem sich die analysierte Szene abspielt, durch die Montage erschließbar wird. Das für die Analyse erstellte, detaillierte Einstellungsprotokoll mit den *Mise en Scène-* und *Mise en Images*-Beschreibungen der ersten Hälfte des Prologs liefert genügend Hinweise hinsichtlich der Charakteristika der filmischen Raumkonstruktion von *L'Eclisse.* Nach der 32. Einstellung einen Bruch zu markieren, ist auch dahingehend sinnvoll, insofern Riccardo den Wohnzimmer- und Bildraum – zumindest kurzzeitig – verlassen hat und Vittoria die Szenerie überlassen wird. Wider Erwarten steht dieser Moment lediglich für ein vermeintliches Ende der Trennungsszene. Diese wird in der Folge massiv ausgedehnt, zeitlich buchstäblich verdoppelt. Im zweiten Teil des Prologs gibt Vittoria, Riccardo aufsuchend, Einblick in einen zusätzlichen Wohnraum, indem sie die Tür zum Badezimmer öffnet, wo Riccardo gerade seine Rasur beendet. Sie versucht abschließend die berufliche Zusammenarbeit der beiden zu klären, arbeitete sie doch, wie dem Dialog zu entnehmen ist, bisher als Übersetzerin für Riccardo. Bereits gesehene Wohnzimmer-Teilräume werden durchschritten und in neuen Perspektiven gezeigt, weil Riccardo nun durchgehend als stehende und sich im Raum bewegende Figur präsentiert wird. Riccardo gibt sich zuerst als nicht ansprechbar und kalt, versucht Vittoria sodann abermals vom Weggehen abzuhalten und ihr in seiner Unbeholfenheit letzte Fragen zu stellen. So fragt er beispielsweise, wann der Zeitpunkt eingetroffen sei, ab dem sie ihn nicht mehr liebte und ob es denn jemand anderen gebe. Vittoria, die sich nicht auf weitere Gespräche einlässt, erreicht schließlich den Eingangsbereich der Wohnung und verlässt das Haus. Die Kamera wechselt sodann vom Innen- zum Außenraum und folgt Vittoria, die über die offenbar kürzlich angelegten Straßen wandelt, vorbei an riesenhaft ins Bild gesetzten und unheimlich anmutenden, modernen bis futuristisch wirkenden Bauten. Bald holt Riccardo sie in seinem *Fiat* ein. Er begleitet sie entgegen ihrer abweisenden Haltung in Schritttempo zu ihrem Wohnhaus.

145 Vgl. Burch [1969] 1986, S. 39 sowie die Ausführungen im 1. Kapitel der vorliegenden Arbeit zu Theorien über Film und Raum, S. 14.

Vittorias „Anche per me è stata una notte terribile“[146] kurz vor dem Abschied zeigt einmal mehr auf, dass die beiden eine lange Nacht der Beziehungsgespräche verbracht haben, auf die nun die endgültige Trennung folgt. Zurück in ihrer eigenen Wohnung steht Vittoria vor das offene Fenster, um in die Bäume zu schauen, deren Blätter im Wind flattern. Ein harter Schnitt markiert das vorher Vorgefallene als Prolog und führt vom friedlichen, morgendlichen Quartier *EUR* südlich von Rom abrupt ins geschäftige *Centro Storico*, wo Vittoria ihre Mutter in der Börse aufsucht.

2.2 Analyse der filmischen Raumkonstruktion anhand der ersten Prolog-Hälfte von *L'Eclisse*

Anstatt – wie im klassischen Erzählkino üblich – die Betrachter*innen über einen *Establishing Shot* und/oder einen *Master Shot* behutsam ins Geschehen einzuführen, beginnt *L'Eclisse in medias res.*[147] Die Einstellungsanalyse des ersten Teils des Prologs zeigt deutlich, dass Nahaufnahmen (55%) überwiegen. Dies gilt bereits für die erste Einstellung, die jedoch mit einer so genannten *Décadrage* einsetzt, bevor sie den Protagonisten Riccardo einführt. Dieser von Pascal Bonitzer etablierte Begriff, den er bereits in der Malerei und insbesondere in der Fotografie als „art of framing and deframing [engl. für *décadrage*] *par excellence*“[148] definiert, bezeichnet die Technik, wie „durch eine Fokussierung auf leere oder tote Bereiche der Szene oder durch das Inszenieren von trivialen Objekten [...] der Zuschauer in seinem Sehverhalten herausgefordert und die filmische Raumkonstruktion betont“[149] wird.[150] Mittels der Ausrichtung auf Tischlampe und Buchrücken eröffnet Antonioni seinen Film mit einer Ansicht, die weder die Narration vorantreibt noch einen Bedeutungszusammenhang eröffnet. Die Herausforderung des Sehverhaltens besteht darin, dass die Nahaufnahme der Objekte eben gerade keine Raumübersicht schafft. Es wird damit auf die

146 („Auch für mich war es eine schreckliche Nacht.“ Übers. J.M.)
147 Vgl. Brunette 1998, S. 73.
148 Bonitzer [1978] 2000, S. 201, vgl. dazu auch S. 200.
149 Rothemund 2012, S. 60.
150 Siehe dazu Liptay 2006, S. 113.

‚Macht des Bildes'[151] verwiesen; erst nach etwa zehn Sekunden erscheint der eigentliche Protagonist Riccardo vollständig im Bild, wobei die Art der filmischen Erfassung der Personen stärker formalästhetischen als narrativen Kriterien zu gehorchen scheint. Die *Mise en Images* dieser Szene wird geprägt durch eine Vielzahl, das Bildgeviert wiederholender Vertikalen und Horizontalen. Riccardos Körperhaltung markiert die Bildachsen insofern, als dass sein Ellbogen auffällig horizontal und bildmittig platziert ist. Sein (fast) aufrechter Oberkörper wiederholt sodann die Bildsenkrechte und ist zudem leicht abgedreht, um die Raumtiefe anzudeuten. Verstärkt wird Letzteres durch seine zwischen Frontalität und Raumtiefe vermittelnde Kopfdrehung, das heißt eine Bewegung parallel zur Bildfläche und schließlich frontal zu dieser. Im rechten Hintergrund verweist der surrende Ventilator ebenfalls auf die Raumtiefe. Mit 90 Grad hat dieser dieselbe Drehachse wie Riccardos Kopfbewegung, weicht jedoch minimal von Riccardos Ausrichtung ab, indem der Ventilator in seinem Abdrehen etwas mehr als parallel zur Bildfläche in den Raum hineingreift.

Vittorias konstituierte Bildkomposition durch den parallel zur Filmbildfläche gestellten Bilderrahmen als Einführung ihrer Person und des Films (3. Einstellung; 1.-4. Abb.)[152] kann mit Peter Bondanella als wirkungsvolle Repräsentation Antonionis "own view of cinema"[153] verstanden werden.[154]

---

151 Vgl. Rothemund 2012, S. 60.

152 Alle Abbildung von *L'Eclisse* in dieser Arbeit stammen von der folgenden DVD: Michelangelo Antonioni, L'Eclisse, (Un Mondo di Cinema, 20034), Mondo Home Entertainment 2002.

153 Bondanella 2001, S. 215.

154 Vgl. ebd., S. 215f.

Abb. 1-4 *Mise en Scène* & *Mise en Images* im übertragenen Sinn

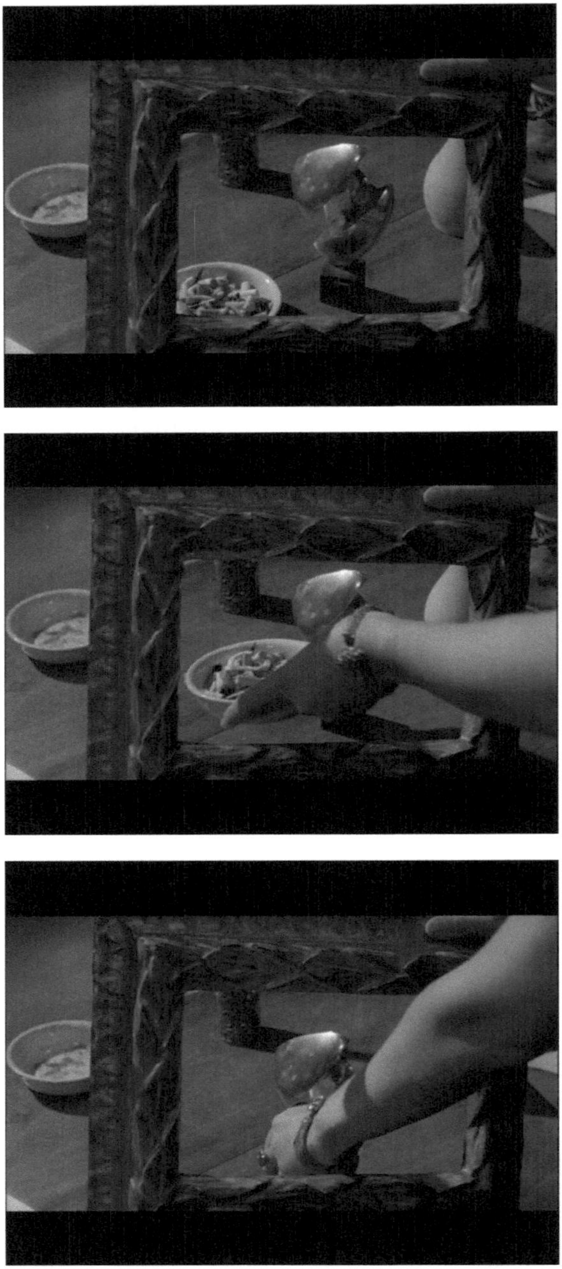

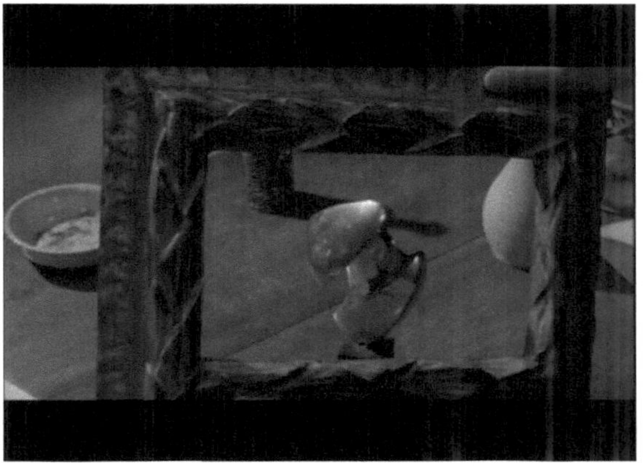

Das Arrangement, das durch den Bilderrahmen gezeigt wird, verweist einerseits auf die flächige *Mise en Images* (1. Abb.). Durch den Akt des Wegnehmens und Umpositionierens der Objekte wird andererseits auf die *Mise en Scène* verwiesen (Abb. 2.-3), welche in einer erneuten Anschauung der *Mise en Images* endet (Abb. 4). Der durch den Rahmen eröffnete Bildraum koppelt die *Mise en Scène* als Objekt-Positionierung im Filmraum mit der *Mise en Images* durch die Rahmung. Ned Rifkin sieht dementsprechend in dieser Sequenz „the filmmaker's self-consciousness about his medium; Antonioni as metteur-en-scène."[155] Vittorias Arrangieren der Objekte spiegle „Antonioni's more formal concerns with breaking down the three-dimensional illusion of space in an essentially flat medium"[156] wider. Mit der Umpositionierung der Kamera, die aus seitlicher Distanz die Rückseite des Bilderrahmens zeigt, wird erneut die Anschauung der *Mise en Scène* gefördert (5. Einstellung; Abb. 5). Darüber hinaus wird dem Potential des Films gehuldigt, Räumlichkeit durch die Gewährung verschiedener Perspektiven über die Montage wiederzugeben.

155 Rifkin 1982, S. 49.
156 Ebd.

Abb. 5 **Die *Mise en Scène* ‚von hinten betrachtet'**

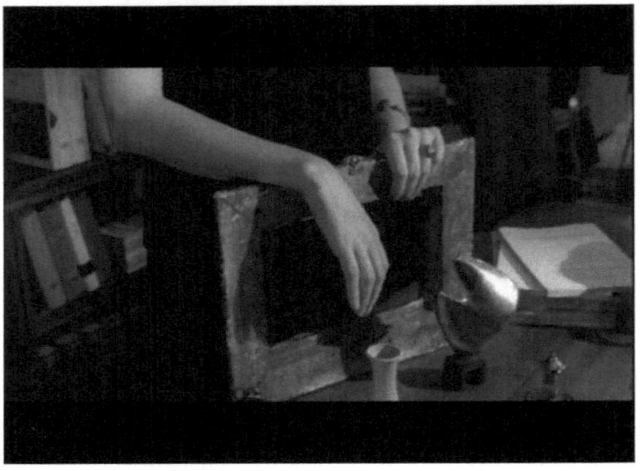

Die für die Analyse vorgenommene akribische Betrachtung und Beschreibung bestätigt, dass jede von Antonionis Einstellungen minutiös durchkomponiert ist. Von Beginn an bestätigt sich dadurch in *L'Eclisse* Bernhard Kocks Einschätzung, die er als den ‚Stil' von Antonionis Filmen ausmacht:

> „Die Zurücknahme der Narration, die gewollte Zufälligkeit der Bewegung, des Handlungs-Antriebs, stärkt den Blick auf das Bild, macht es zum Ausgangspunkt von Antonionis Arbeit. Das Visuelle gewinnt die entscheidende Kraft gegenüber der Erzählung [...]."[157]

Hier wird eingewendet oder ergänzt, dass diese zufällige Handlungsmotivation mit offensichtlich für den Film klar festgelegten Bewegungen zusammengeht. ‚Großräumige' Bewegungen sind aufs Genaueste räumlich und filmbildlich abgestimmt, sind rechtwinklig oder frontal zur Kamera beziehungsweise zum Bildfeld gerichtet. Zudem wurde im Einstellungsprotokoll eine 90 Grad- sowie zumindest annähernd eine 45 Grad-Ausrichtung[158] – von Figu-

157 Kock 1994, S. 42.

158 Der 45 Grad-Winkel, der in der Sequenz aufällig oft auszumachen ist, kann lediglich als die Norm für die klassische Wiedergabe von Dialogen im Schuss/Gegenschuss-Verfahren nachgewiesen werden: „Die Kameraposition ist im Verhältnis zur jeweiligen Blickachse im 45-Grad-Winkel verschoben, so dass sich die Blickrichtung der Kamerapositionen kreuzen." Gräf et al. 2011, S. 320. Wie im Vergleich zwischen Zitat und vorliegender Filmanalyse ersichtlich

ren und Sesseln – gegenüber dem Bildfeld ausgemacht. Rückenfiguren verschließen einerseits das Bildfeld, die so genannte *Vierte Wand* markierend, anderseits führen sie zeitgleich in den Bildraum hinein und verweisen auf das dort sich befindende Gegenüber.

Die Amerikanische (10%), doch insbesondere die Halbnahe (10%) und die Halbtotale (17.5%) vermögen die Figurendisposition im Raum aufzuzeigen und geben damit Einblick in die *Mise en Scène*. Erst nach knapp zwei Minuten und nach zehn Aufnahmen in der Nahen wird der *Master Shot* geliefert (11. Einstellung; Abb. 6), der das Verhältnis der beiden Protagonisten räumlich klärt.

Abb. 6 Der *Master Shot* erfolgt erst in der 11. Einstellung

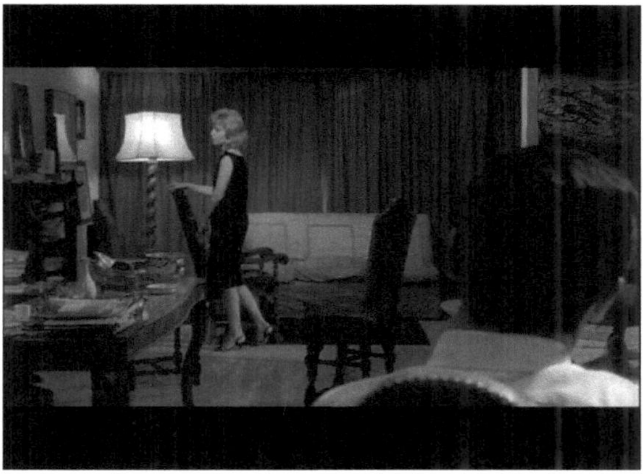

Die Raum-Figuren-Interaktion vermag das Hadern der Figuren mit sich selbst sowie das schwierige psychologische Verhältnis zwischen den beiden beziehungsweise das ‚Ent-hältnis' der beiden zu vermitteln. Die Drucksituation, die der Moment einer Trennung naturgemäß mit sich führt, wird verstärkt durch den hauptsächlich mit Möbeln und Büchern überbesetzten und mit Vorhängen verschlossenen Wohnraum, dessen Wände zudem ‚überbehängt' sind,

---

wird, wird hier umgekehrt vorgegangen, d.h. es werden die Figurenpositionen zur meist statischen Kamera beschrieben. Die auffälligen Positionierungen als 45 Grad-Verrückung zum Bildfeld beziehungsweise zum Raum bei Rückenansichten werden hier als zur Kamera, damit zu den Zuschauer*innen beziehungsweise zum Raum gedeutet.

vorwiegend mit Werken des *Abstrakten Expressionismus* und der *Farbfeldmalerei*.[159]

Die besagten weiteren Einstellungsgrößen (Amerikanische etc.) dienen der Raumübersicht oder um die Figurenbewegungen im Raum hervorzuheben. Die Zuschauer*innen werden dazu angehalten, der Choreographie der Figurenausrichtungen und -bewegungen sowie den Kameraperspektiven – weniger deren Bewegungen, da diese bloß minimal sind – zu folgen. Zu den Montagen in Schuss-Gegenschuss[160] und dem Schreiten zu oder weg von der Kamera kommen die rechtwinklig zum Bildfeld sowie die diagonal in den Raum verlegten Figurenbewegungen. Die Einstellungsanalyse bestätigt, dass Vittoria die Raumdimensionen richtiggehend abschreitet. Dies geschieht, während Riccardo die passive Sitzposition einnimmt und sich nur einmal kurz aufrichtet, um später den Sessel gewechselt zu haben. Letzteres sorgt für eine kurze, räumliche Orientierungslosigkeit bei den Zuschauer*innen, weil plötzlich ein zur vorherigen Ansicht zwar lediglich verschobener, doch nicht klar anschließbarer Raumbereich gezeigt wird. Vittoria, als sich im Raum bewegende Figur, schreitet beispielsweise einen Teil der Länge des Raums ab, indem sie direkt auf die Kamera zukommt. Kurz später vollzieht sie die Gegenbewegung. Gleiches geschieht die Breite des Raums betreffend: Vittoria geht in der 17. Einstellung nach rechts, parallel zum Bildfeld quer durch den Raum. Sie schreitet rechts aus dem Bildfeld, um in der 18. Einstellung die Küche zu erreichen. In der 24. Einstellung schreitet sie sodann, rechts aus dem *Off* kommend, die Raumbreite erneut parallel zum Bildfeld nach links ab, um zum Vorhang zu gelangen. Die Choreographie zwischen diesen beiden Einstellungen (17. und 24. Einstellung) ist ein Beispiel für die hoch artifizielle, unkonventionelle Platzierung

159 Siehe Kapitel 2.6

160 Das Schuss-Gegenschuss-Verfahren bezieht sich i.R. auf Gesprächssituationen: „Beim Schuss-Gegenschuss-Verfahren ist immer ein Gesprächspartner im Bild zu sehen (meist in halbnahen oder nahen Einstellungen), wobei der Bildinhalt während der Unterhaltung vom Sprecher zum Zuhörer und umgekehrt wechselt. Dieser Wechsel transportiert in der Regel die wichtigsten Informationen des Gesprächs, eventuell auch bedeutungsvolle Blickwechsel o.ä. […].“ Bienk 2006, S. 74; vgl. auch Korte 2010, S. 47. Zu *Over-the-shoulder Shot* siehe Korte 2010, S. 47; Bienk 2006, S. 74f.; Beller 2000, S. 15.

der beiden Figuren.[161] Gemeint ist die Art und Weise des Schuss-Gegenschuss-Verfahrens, einmal mit Vittorias und einmal mit Riccardos Hinterkopf im extremen Vordergrund, was Brunette als „head-on shot"[162] bezeichnet (Abb. 6 u. 7)

Abb. 7 Vittorias *Head-on-shot* nach jenem Riccardos

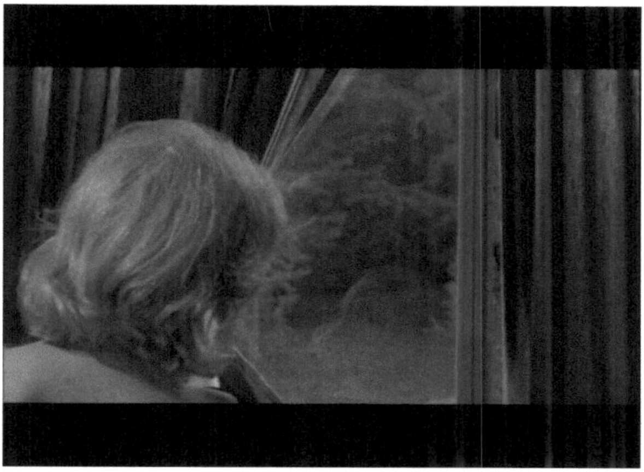

Vittoria begibt sich ins Blickfeld des starren Riccardos, dessen eingefrorenen Blick das Drehbuch als „[u]no sguardo così inerte da sembrare di un pazzo"[163] beschreibt (Abb. 8). Der Gegenschuss mit Riccardos Haarschopf im extremen Vordergrund zeigt in Untersicht die sichtlich erschrockene Vittoria: „Vittoria ne è spaventata. E si sottrae subito […]"[164] (Abb. 9).

---

[161] Vgl. Brunette 1998, S. 75.

[162] Ebd.

[163] Antonioni 1964, S. 364 („ein Blick derart träge, als wäre er von einem Verrückten" Übers. J.M.).

[164] Ebd. („Vittoria erschrickt davon. Und sie hält sofot inne." Übers. J.M.)

Abb. 8-9 **Vittoria erschrickt ob Riccardos Erstarren.**

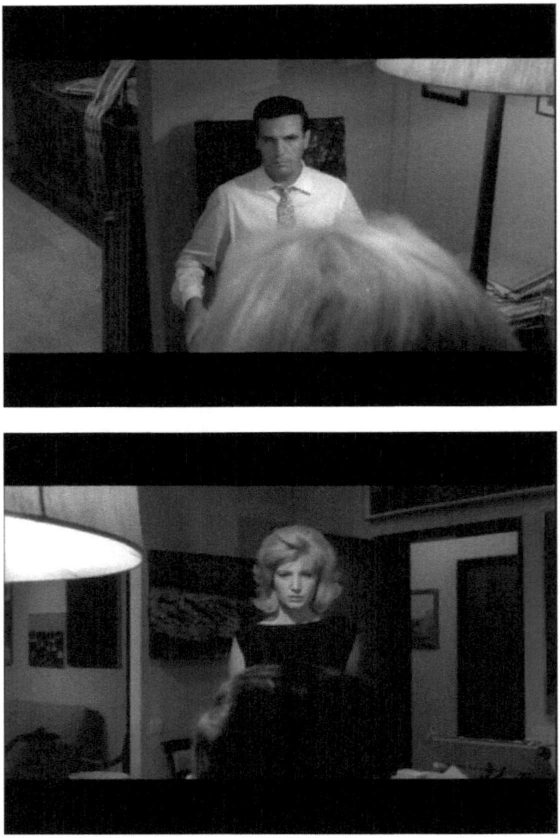

Die 25. Einstellung (Abb. 10-14) steht erneut für eine Art Kino-Statement Antonionis, vergleichbar mit jenem der Bilderrahmen-Aktion (3. Einstellung).[165]

---

165 Vgl. Bondanella 2001, S. 215.

Abb. 10-14 Das zweite ‚Kino-Statement' Antonionis

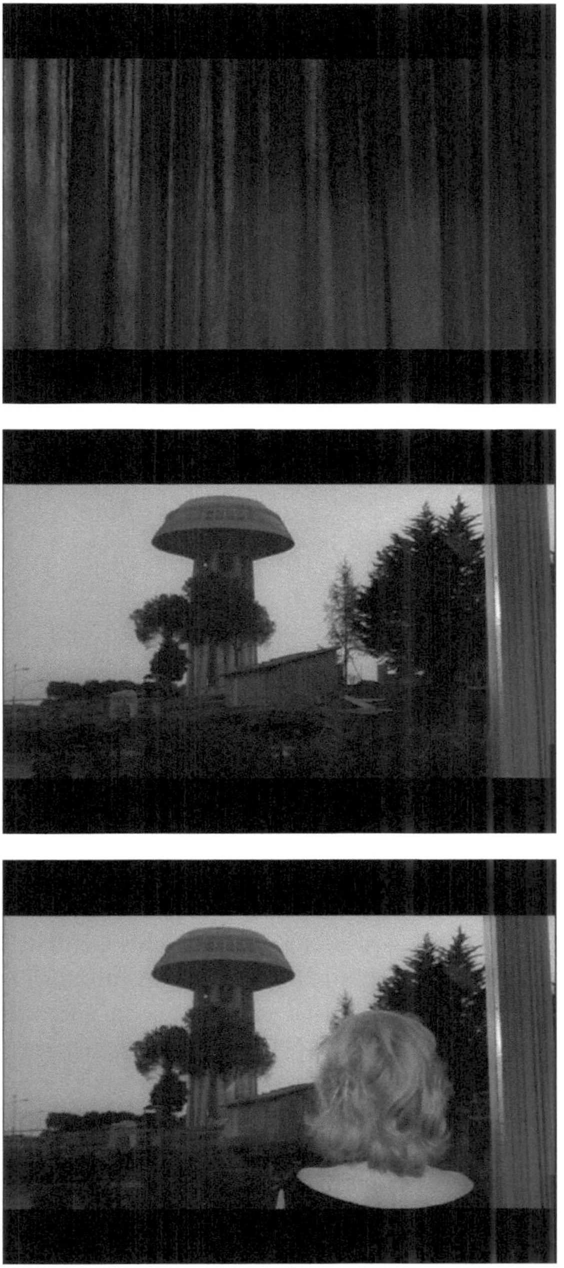

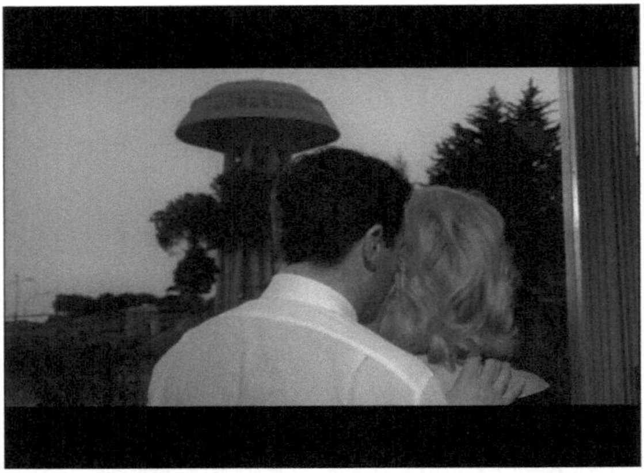

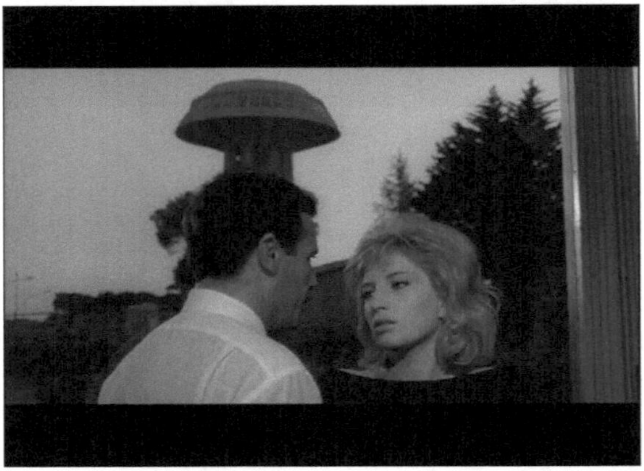

Das gesamte Bildfeld einnehmend, öffnet sich der Vorhang nun gleich einem Kinovorhang, der den Zuschauer*innen auf der Leinwand quasi eine neue Welt eröffnet. Hier geschieht dies durch den Blick aus dem Fenster, dessen Rahmung rechts sichtbar bleibt und das die Sicht auf ein unheimlich anmutendes, pilzförmiges Architekturgebilde freigibt. Dieses ist umgeben von vereinzelten Bäumen, Büschen und einer Hütte (*Mise en Images*). Schritte verweisen auf Vittoria, deren Gesicht nun vom Fenster gespiegelt wird. Sie rückt von rechts als Rückenfigur vor den neu eröffneten Bildraum (*Mise en Scène*). Das Öffnen des Vorhanges ermöglicht die Assoziation zum Dispositiv Kino, indem auf die Leinwand als Projektionsfläche für eine Raumillusion angespielt wird. Mit der Aussicht aus einem Innenraum auf den davor sich befindlichen Außenraum der

Landschaft wird eine Art Offenlegung der Funktionalität des Bildträgers praktiziert. Es überwiegt bei diesem Landschaftsausblick die *Mise en Images*, da die Kamera parallel zum Fenster platziert wurde. Mittels Nahaufnahme der Figuren wird das Eintreten der Protagonist*innen in diesen Landschaftsraum fingiert. Durch deren Spiegelung im Fenster und dem Zeigen des Fensterrahmens werden diese jedoch sogleich wieder in und an den Wohnraum zurückgebunden. Es zeigt sich hier abermals Antonionis kühner Umgang mit der *Mise en Scène* und der *Mise en Images* (25. Einstellung). In der Folge wird zur vorherigen Ausrichtung in der Raumlänge nun die Protagonist*innen-Handlung in die Raumbreite gedreht.

Abb. 15-16 Die Gefühlszustände werden im Dekor gespiegelt.

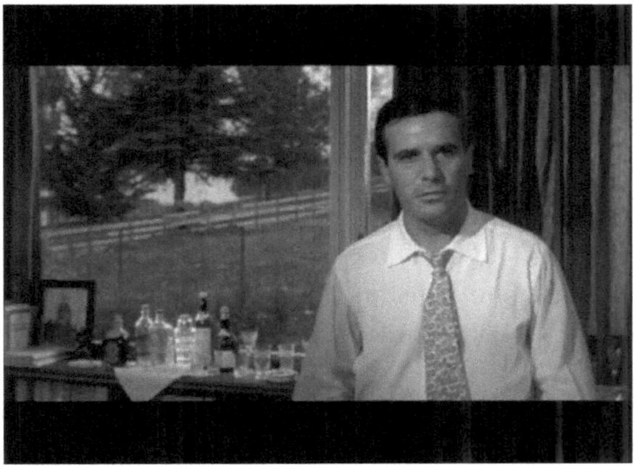

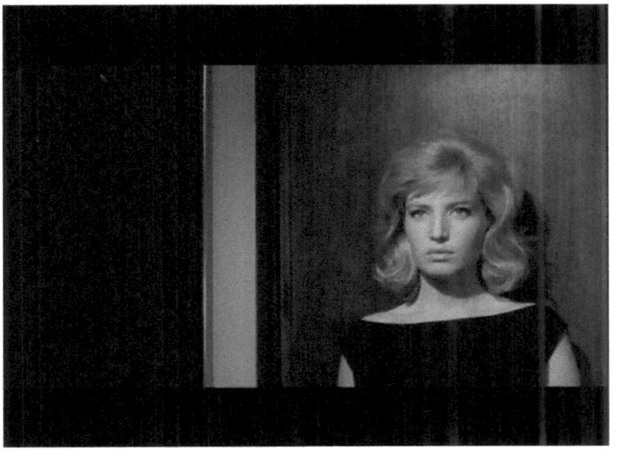

Riccardo befindet sich vor der Fensterfront, die einen unruhiger Hintergrund bildet (26., 28. und 30. Einstellung (Abb. 15). Die erneute Nahaufnahme Riccardos lässt erkennen, dass er sich vor einer ähnlichen Hintergrundkomposition befindet wie Vittoria (Abb. 16). Seine ist jedoch offensichtlich unruhiger und anstelle des weißen Mauerstreifen bei Vittoria befindet sich hinter Riccardo ein breiter Fensterrahmen. Riccardo ist in der rechten Bildhälfte vom Vorhang hinterfangen, Vittoria lehnt sich an die gegenüberliegende Wand beziehungsweise Küchentür. Sie ist mit starrem, ernstem Blick frontal in einer Nahaufnahme zu sehen. Ein weißer Streifen der Wand zieht sich senkrecht über das Filmbild. Links davon wiederholt sich die Struktur, diesmal handelt es sich um die rechte Leiste eines Metallrahmens, der ein dunkel gehaltenes Gemälde des *Abstrakten Expressionismus* umfängt. Die hier präsentierte *Mise en Images* beeindruckt durch ihre Ausgewogenheit, liefern doch Vittorias hell erleuchtete Augen und Haut sowie das blonde Haar einen Kontrast zum dunklen Hintergrund. Diese ausgewogene Bildkomposition mit Vittoria als Teil davon kann mit ihrem eigenen Bildarrangement in Zusammenhang gebracht werden. Rifkin deutet es als ihr Bedürfnis „to put her life in order"; dazu William Arrowsmith: „What she constantly seeks is equilibrium, poise, the feelings moving in conformity with, not subjection to, the environing world."[166]

Die Halbtotale bringt die beiden wieder in ein räumliches Verhältnis zueinander, wobei sie abgedreht voneinander nun als getrenntes Paar vorgestellt werden (31. Einstellung; Abb. 17).

---

166 Arrowsmith 1995, S. 76.

Abb. 17 Die Trennung des Paares wird räumlich inszeniert.

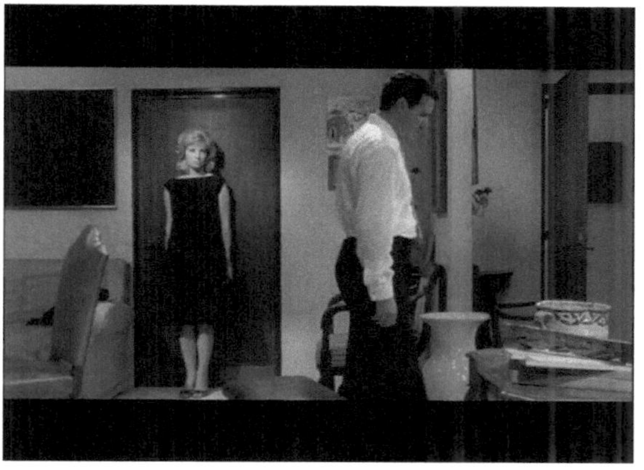

Riccardo verlässt den Raum scheinbar kapitulierend. Vittoria bleibt zurück im Wohnzimmer, das sie über ein Zurückschieben der Vorhänge und Ausschalten der Lampen an diesem Morgen räumlich und zeitlich zur Außenwelt zu öffnen scheint (32. Einstellung; Abb. 18).

Abb. 18 Ende der ersten Prolog-Hälfte mit Raumübersicht

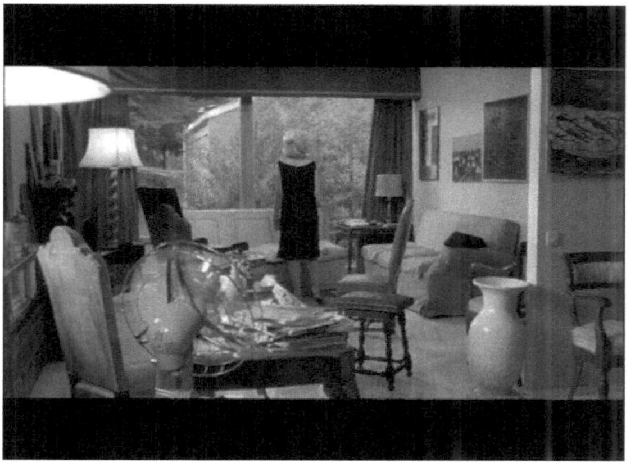

Bis Vittoria schließlich die Wohnung verlässt, werden Teile des Wohnzimmers mehrfach aus verschiedenen Blickwinkeln gezeigt. Dies resultiert aus den verschiedenen Kameraperspektiven auf die Figuren, die laut Khouloki der figurenzentrierten Raumkonstruktion folgen.[167] Der über Nahaufnahmen unternommene, abermalige Fokus auf die Protagonist*innen wirkt zusätzlich der abschließenden, klaren Raumauffassung auf der Zuschauer*innenseite entgegen. Damit bleibt der Eindruck dieses Wohnraums auch beim idealisierten Filmeindruck im Sinne einer Einstellungsanalyse ein diskontinuierlicher und fragmentarischer.

Für Antonioni können über diese Filmanalyse diejenigen Argumente geltend gemacht werden, die Bordwell und Thompson zufolge die Filme des japanischen Regisseurs Yasujiro Ozu (1903-1963) als ‚modernistisch'[168] auszeichnen, indem sie sich von klassischen Filmparadigmen abheben:

> „In the classical paradigm, the system for constructing space (The 'continuity style') has as its aim the subordination of spatial (and temporal) structures to the logic of the narrative, especially to the cause/effect chain. Negatively, the space is presented so as not to distract attention from the dominant actions; positively, the space is 'used up' by the presentation of narratively important settings, character traits ('psychology'), or other causal agents. Space as space is rendered subordinate to space as a site for action [...]."[169]

Bei Antonioni tritt der „Raum als Raum" gerade nicht „hinter den Raum als Handlungsort zurück"[170], was mit der Erzählstruktur zusammenhängt. Der Einstieg von Antonionis *L'Eclisse* ist insofern der eines ‚modernistischen Films'[171], als dass die klassische „supremacy of narrative causality"[172] herausgefordert wird. Dies geschieht vorerst dadurch, dass der Film narrativ an einem Ende beginnt. Nach einer durchwachten Nacht der Trennungsgespräche sind Vittoria und Riccardo an „un punto morto"[173], einem toten Punkt angelangt. Als filmischer Einstieg wird das mühselige Hinauszögern des endgültigen Beziehungsendes präsentiert. Es gibt eigentlich nichts mehr zu erzählen, da alles schon gesagt ist. Chatman aktiviert für solche Antonioni-Szenen den Begriff *de-dramatized*, den

---

167 Vgl. Khouloki 2012, S. 175; siehe dazu auch Khouloki 2007, S. 115f.
168 Vgl. Bordwell/Thompson 1976, S. 41.
169 Ebd., S. 42; vgl. Beller 2000, S. 16.
170 Beller 2000, S. 16.
171 Vgl. Bordwell/Thompson 1976, S. 41.
172 Ebd., S. 42.
173 Chatman 2004, S. 84.

er aus der französischen Filmkritik entnommen zu haben glaubt:[174] „The term does not mean *un*dramatic in the sense of 'without conflict or tension.' It means, rather, 'not theatrical, not pointedly controlled, focused, or manipulated to achieve heightened moments and effects.'"[175] Den Begriff *de-dramatized* führt Chatman in der Folge weiter aus, indem er Antonionis Tendenz seit *L'Avventura* folgendermaßen beschreibt: „Antonioni extended the 'de-theatricalizing' or 'de-histrionicizing' of cinema into areas other than action [...]."[176] Durch dieses Flachhalten der Narration wird der Fokus demnach verstärkt auf die visuelle Inszeniertheit gelenkt. Es stellt sich damit nicht nur die Frage ‚Wie geht die Geschichte weiter?', sondern vielmehr jene nach der Fokussierung auf das Zeigen und damit die visuelle Präsenz:

> „Time in Antonioni is a time of the moment, a time that dwells on the space of the moment, not the dramatic time that in most films subordinates the moment to the overriding arrow of plot. Time in Antonioni is not a time of the what next but a time of the what now, not a linear but a lingering time that views each moment as a point of intersection of many lines of actuality and possibility."[177]

Diese „time of the moment"[178] nach Perez zeigt sich bereits im Prolog, der mit bildhafter Qualität durch Nahaufnahmen aufwartet, die durch harte Schnitte vorerst für sich stehen und narrativ noch unbestimmt bleiben. Vittorias Arrangement von Objekten in einem

---

174 „The term arose first, I think, in French criticism. It appears in the title of an early interview with Antonioni by Joseph Morgenstern called 'How De-Dramatizer Works,' New York Herald Tribune (April 2, 1961)." Chatman 1989, S. 4; Bordwell führte den Begriff bereits 1985 auf mit dem Verweis auf eine nicht genannte Quelle aus dem Jahr 1966 des Filmkritikers und -historikers Marcel Martin, laut dem die De-dramatisierung des zeitgenössischen Kinos jenem des Neorealismus folgte. Vgl. Bordwell 1985, S. 206; Bordwell/Thompson nehmen den Begriff erneut auf, indem sie das „'dedramatized' cinema" der 1960er-Jahre – ohne Verweis auf Martin – abermals aus den Tendenzen des Neorealismus herleiten. Vgl. Bordwell/Thompson 2003, S. 362; Bondanella verwendet den Begriff bezüglich Antonionis Dokumentarfilm *Netezza Urbana*, worin entgegen Vittoria de Sica (1901-1974) oder Cesare Zavattini (1902-1989) das Leben der Straßenkehrer nicht von Drama oder Tragödie erfüllt gezeigt wird: „Antonioni's style dedramatizes their lives by the abstract quality of his photography." Bondanella 2001, S. 75.

175 Chatman 1989, S. 4f.

176 Ebd., S. 5.

177 Perez 1991, S. 238.

178 Ebd., S. 238.

Bildraum zugunsten einer überzeugenden Bildkomposition verweist auf die filmspezifische Verknüpfung von filmischer Szenographie - durch die *Mise en Scène* - und Bildhaftigkeit - durch die *Mise en Images* - und schafft alsbald mehr filmräumliche Klarheit durch weitere Einstellungsgrößen. Durch die Komponiertheit des Films mit flächig wirkenden Nahaufnahmen, richtiggehend Raum durchmessenden Figurenchoreographien (die *Mise en Scène* im Wohnraum quasi als filmischer Bühnenraum aufgefasst) sowie durch kühne Schuss-Gegenschuss-Einstellungen lenkt der Film die Aufmerksam auf seine visuelle Gemachtheit: Dies geschieht demnach erstens über die filmische Bildkraft, die dazu auffordert, alles, was sich unmittelbar im Bildfeld, *onscreen,* zeigt, als bedeutend zu sehen.[179] Zweitens wird am Anfang des Films exemplarisch dessen filmische Raumkonstruiertheit ausgehend von Realräumen zur Schau gestellt, die sich erst im zeitlichen Fortlauf über die Montage langsam zusammenfügen, jedoch nie vollständig erschließbar werden.[180]

L'Eclisse wartet folglich mit einem narrativ schwachen[181] und verlangsamten Einstieg auf, der zu verstehen gibt, dass alles Sichtbare, indem es sich als durchkomponiert präsentiert, bewusst wahrgenommen werden soll. Die vom Inneren der Protagonist*innen kommenden Körperbewegungen wirken nicht natürlich, sondern statisch und eingeübt, erscheinen als Choreographie, die systematisch den Raum abschreitet. Das Ringen nach Worten, um das Schweigen zu brechen, zeugt von einer Unfähigkeit zur Kommunikation und lenkt die Aufmerksamkeit einmal mehr auf das Visuelle: „Rather, we are made to feel that the truth about people is more available in their faces, in the postures of their bodies, in their placement in the environment, than in their conversations."[182] Der Wechsel zur ersten Börsensequenz wirkt dadurch umso abrupter: Das Menschenchaos im Börsengebäude erweist sich letztlich als anor-

---

179 Vgl. Schenk 2008, S. 71.

180 Verwiesen sei hier bereits auf den Treffpunkt Vittorias und Pieros im Stadtviertel *EUR*, der im Epilog durch verschiedene Blickwinkel ‚er=örtert' wird. Siehe Kapitel 3.

181 Schwach narrativ sind beispielsweise auch die Börsenszenen, die sich als Seh(und Hör-)spektakel präsentieren.

182 Chatman 1989, S. 4.

ganisch, da es räumlich klar unterteilt ist. Der durch das Menschengeschrei verursachte Lärm zeugt von einem absurd wirkenden Übermaß an Kommunikation, das sich jedoch zusammen mit der eingeübten Zeichensprache als funktionierend auszeichnet.

Die folgenden Kapitel erörtern Antonionis Raumkonstruktion, die mit perfekten Bildkompositionen einhergeht, in Bezug auf Charakteristika der Medien Fotografie und Malerei. Einerseits zeigt der Film Fotografien und Gemälde auf ostentative Weise, andererseits werden in der offen gelegten, filmischen Gemachtheit Bezüge zu Verfahren von zeitgenössischer Malerei und Fotografie ersichtlich.

2.3 *L'Eclisse* und die Fotografie

Naturgemäß ist beim Bezug zu *allen* Künsten, den das Medium Film einnehmen kann, der fotografische als dessen technische Voraussetzung der nächstliegende:

> „Cinema is involved with photograph and camera, its principal matter of expression that of moving photographic images ('principal' as we know it in its history), its prime achievement that of the creation of the 'impression of reality' – 'neither absolutely two-dimensional nor absolutely three-dimensional, but something between.'"[183]

Dieses Dazwischen bezüglich Zwei- und Dreidimensionalität ist vielschichtig: In erster Linie bezieht es sich auf das Vorfilmische und damit auf die Kamera in der Welt, die wiederum ausgerichtet ist auf etwas in dieser Welt. Die *Mise en Scène*, die *Mise en Images* und die Montage verschiedener Welt-Aufzeichnungen resultieren beim analogen Film im Filmstreifen, dessen fotografische Einzelbilder im Rhythmus von 24 Bildern pro Sekunde als eingespannte Filmrolle über die Apparatur auf eine zweidimensionale Fläche projiziert werden. Die bewegte Bildfolge erscheint auf der zweidimensionalen Leinwand als Film, mit der perspektivischen Ausrichtung sowie den Figuren- und Objektbewegungen, und vollendet so schließlich die Illusion von Raum. Zu betrachten ist, wie in *L'Eclisse*

183 Heath 1986, S. 388, darin das abschließende Zitat aus: Rudolf Arnheim, 1969. Film as Art, London, S. 20.

die fotografische Qualität, die Antonionis Filmen gemeinhin abgewonnen wird, als solche vermittelt wird.

Das Überwiegen von Standbildern (66%) im Prolog und die Tatsache, dass mit lediglich einer Ausnahme jedes Bewegungsbild aus einem Standbild hervorgeht und wiederum in einem solchen endet, rückt *L'Eclisse* in die Nähe der Fotografie-Betrachtung. Dazu kommt die Zurückhaltung beziehungsweise das wiederholte Innehalten nach vollführten Figurenbewegungen, die hauptverantwortlich sind für die Vermittlung des Raumeindrucks: „[...] the movements of the figures in a shot can 'bring out' the space, show relative poisitions, suggest depth. [...] [F]ilm is said to destroy the 'ordinary laws' of pictorial organization because of its moving figures which capture attention against all else."[184] Die Mehrzahl der Nahaufnahmen und die Zurücknahme der Figurenbewegungen geben den einzelnen filmischen Bildern ebenfalls eine fotografische Qualität, so Chatman: „Many of his frames are worth enlarging and exhibiting as independent works of art."[185] Antonioni stellte selber fest: „Perché un'immagine sia essenziale è necessario che ogni centimetro quadrato che la costituisce lo sia a sua volta."[186] In seinem Bezug auf das Bild und dessen flächenmäßige Aufteilung in Quadratzentimeter wird auf Antonionis filmische Produktionsweise hingedeutet. Dies bestätigt Antonionis Sichtweise auf die Entstehung des zeitgenössischen Films - nämlich vor Ort, gesehen durch die Filmkamera, also als *Mise en Images*: „Secondo me, quindi, oggigiorno il film lo si fa realizzandolo, lo si scrive lì, alla macchina da presa."[187] Diese Herangehensweise, die den Film als Film-Bild konstruiert, impliziert bei Antonioni, dass er der Improvisation viel Raum und Zeit lässt:

> „[M]i sembra più logico decidere le inquadrature al momento delle riprese. È già un modo di improvvisare. [...] È il sistema che preferisco: arrivare alle riprese senza essermi preparato, vergine. Chiedo spesso di rimanere lì, da solo, per un quarto d'ora, per mezz'ora e lascio che i pensieri vaghino liberamente. Mi limito a guardare. Le cose che mi circondano mi aiutano, mi

184 Heath 1986, S. 388.

185 Chatman 1985, S. 114.

186 Antonioni [1960] 2001, S. 125 („Damit ein Bild wesentlich ist, ist es nötig, dass jeder Quadratzentimenter davon es ebenfalls ist." Übers. J.M.).

187 Antonioni [1961] 2001, S. 30 („in dem ich das Auge an die Kamera lege", so die Übersetzung von Irmbert Schenik in: Antonioni [1961] 1964, S. 92.)

danno sempre dei suggerimenti. Sono molto affezionato alle cose, forse più che alle persone anche se le persone mi interessano di più. Ad ogni modo trovo che sia molto utile osservare i luoghi, sentire per un po' l'atmosfera aspettando i personaggi." [188]

Das Schauen, das Beobachten der Räume, der Dinge und ihrer Dispositionen sind für Antonioni demnach Grundvoraussetzungen für sein „Kino des Sehens"[189], das die Narration von Beginn weg zurückstellt, indem diese sich nur langsam entwickelt und, "undramatisch", letztlich episodenhaft gehalten wird. Die genannte Zuneigung Antonionis zu den statischen Dingen, seine improvisierte, unmittelbare Herangehensweise, die die *Mise en Images* voranstellt, wird durch das Vollführen der Bildkomposition Vittorias offenbar indirekt zitiert.

Dem vom Kamerafenster gerahmten Filmbild als *Mise en Images* gilt Antonionis Aufmerksamkeit. Laut Karl Prümm befestigt die *Mise en Scène* den „Bedeutungsraum, legt folglich den analytischen Blick fest auf die vertraute Kultur des Theatralen und des Narrativen."[190] Die *Mise en Scène* schafft räumlich Bedeutungshierarchien, wobei die *Mise en Images* eine „ganz andere Denkfigur voraus[setzt] - eine homogene Bedeutungsfläche, ein hierarchieloses Nebeneinander der Bildelemente."[191] Sodann vollzieht sich gemäß Prümm diese *Mise en Images* der Kamera in drei elementaren Arbeitsschritten, „im Prozess der Kadrierung, in der Lichtsetzung und schließlich im Vorgang des Drehens und der Bewegung der Kamera."[192] Ersteres ist hier von besonderem Interesse: Die Kadrie-

---

188 Antonioni [1960] 2001, S. 126 („Es scheint mir logischer, die Kadrierungen während des Drehs zu wählen. Es ist bereits eine Art und Weise der Improvisation. [...] Es ist das Vorgehen, das ich bevorzuge: Zum Dreh einzutreffen, ohne mich vorzubereiten, jungfräulich. Ich verlange oft, dort zu bleiben, alleine, für eine Viertelstunde, für eine halbe Stunde, und ich lasse den Gedanken freien Lauf. Ich schaue nur. Die Dinge, die mich umgeben, helfen mir, sie liefern mir immer Vorschläge. Ich bin sehr angezogen von Dingen, vielleicht mehr als von Personen, auch wenn die Personen mich mehr interessieren. Generell finde ich, dass es sehr nützlich ist, die Orte zu beobachten, die Atmosphäre ein wenig zu spüren, während ich auf die Figuren warte." Übers. J.M.).

189 Becker 2012, S. 63.

190 Prümm 2006, S. 17.

191 Ebd.

192 Ebd., S. 30.

rung wird indirekt zitiert durch Vittorias Setzung des Bilderrahmens (3. Einstellung), der schmaler ist als das Bildfeld, womit links und rechts des Rahmens ins *Hors champ* des Bildraums geblickt werden kann, wird der Bilderrahmen mit dem Filmkader assoziiert:

> „Die Auswahl des Bildausschnitts und die Festlegung des Bildrahmens schaffen die Grundvoraussetzungen sowohl für die filmische Darstellung wie auch für den Prozess des Sehens. Das Sichtbare wird vom Nicht-Sichtbaren getrennt, ein Bedeutungsraum wird eröffnet, eine Ausdrucksfläche kreiert. Jeder einzelne Ausschnitt ist eingebunden in die sequenzielle Ordnung des ganzen Films, in ein System von Blicken und Perspektiven."[193]

Es wird ersichtlich, dass Prümm zu Recht auch in der *Mise en Images* von einem Bedeutungsraum spricht, der sich aber in der Fläche ausdrückt. Bei Antonioni ist diese offensichtlich in so hohem Maße durchkomponiert, werden Figuren von Objekten und Bildern doch dermaßen hinterfangen oder umgeben, dass schlichtweg alles, was im Bildfeld erscheint, als wichtig empfunden wird. Durch die angesprochene Flächigkeit rückt der vornehmlich scharf zu sehende, räumliche Hintergrund in den Vordergrund, auf die Fläche. Er konstruiert damit die Bedeutung mit, indem er mit den Figuren kommuniziert, deren Verfasstheit assoziativ veranschaulicht:

> „In Antonioni's films, one isn't looking at the background simply because very little else seems to be happening [...] Occasionally, really nothing does happen in his films [...] Such a moment of hiatus - a *temps mort* - brings the background to prominence, inviting the viewer to inspect the setting as one would a still photograph [...] He dissolves relationships between what we have called ‚foreground' and ‚background', not only by inverting them as in the *temps mort*'s foregrounding of the background [...]."[194]

So kann *L'Eclisse* quasi als Anschauungsmodell einstehen für Prümms Plädoyer für einen „Blickwechsel von der *Mise en Scène*

---

193 Prümm 2006, S. 30f.

194 David Bass, 1995-1996. Window/Glass: Reflections on Antonioni, in: Cambridge Architecture Journal, Scroope Seven, Cambridge, S. 8, zitiert aus: Benci 2008, S. 63; zu *temps mort* in Antonionis Tetralogie: „All the films utilize a slow rhythm, with many temps morts (intervals of 'dead time') between events. Scenes begin a bit before the action starts and linger after the action has ended." Bordwell/Thompson 2003, S. 427.

zur *Mise en images*"[195]. Dies vollzieht sich laut Prümm als eine „fotografische Filmanalyse"[196], die „zur Urszene des Kinos"[197] und damit „zu seinem fotografischen Kern"[198] zurückkehrt. Indem Antonioni die Filmentstehung an der „macchina da presa"[199], damit am Fenster der Filmkamera etablierte, wird Prümms Forderung bestärkt. Sein Berufskollege Pier Paolo Pasolini bezeichnete Antonionis minutiös kompositorische Umsetzungen als „obsessive framings"[200], was in *L'Eclisse* anschaulich wird. Wiederholt kommen beispielsweise Fenster- oder Türrahmen vor, in die die Figuren, die frontal zur Kamera blicken oder als Rückenfiguren erscheinen, eingefangen sind. Diese *Mise en Images* mit den das Bildgeviert wiederholenden Rahmen setzt natürlich voraus, dass die Kamera in der *Mise en Scène* parallel zu den genannten Rahmen gesetzt wurde. „*Mug-shot images*"[201], zu Deutsch Fahndungsbilder, nennt Bordwell diejenigen Einstellungen, die die Figuren frontal erfassen.[202] Verstärkt wird diese Direktheit, die Stabilität und Ausgewogenheit ausdrückt,[203] beispielsweise bei der Einstellung, in der die frontal zur Kamera stehende Vittoria unmittelbar von der Wand hinterfangen wird, die die Bildtiefe vollständig verschließt (Abb. 17). Diese flächenhaften, planimetrischen Raumkonstruktionen führt Bordwell auf Verfahren der Malerei und Grafik zurück, indem er sich auf den Kunsthistoriker Heinrich Wölfflin bezieht.

---

195 Vgl. Prümms Artikeltitel *Von der Mise en scène zur Mise en images, Plädoyer für einen Perspektivenwechsel in der Filmtheorie und Filmanalyse* sowie dessen Schlussfolgerungen, Prümm 2006, S. 34.

196 Ebd.

197 Ebd., S. 19.

198 Ebd.

199 Antonioni [1961] 2001 („in dem ich das Auge an die Kamera lege", so die Übersetzung Irmbert Schenks in: Antonioni [1961] 1964, S. 92).

200 Pier Paolo Pasolini, 1980. Dialogue en publique, hg. v. G. Ferretti, Paris, S. 160, zitiert aus: Chatman 1985, S. 115.

201 Bordwell 1997, S. 27f.

202 Vgl. ebd., S. 27f., 31.

203 Vgl. ebd., S. 31.

2.4 Planimetrische Raumkonstruktion: Raumtiefe und Bildwirkung

Für die theoretische Etablierung eines die Bildhaftigkeit betonenden filmischen Gestaltungsmittels rekurriert David Bordwell auf Heinrich Wölfflins *Kunstgeschichtliche Grundbegriffe, Das Problem der Stilentwicklung in der Neueren Kunst* (1915)[204]. Bordwell postuliert seinerseits, „daß eine Geschichte des visuellen Stils von Filmen existiert"[205]. Konkret etabliert der Filmwissenschaftler die auf Wölfflin zurückgehende planimetrische Raumkonstruktion[206] als ein Beispiel der *„middle-level phenomena"*[207] im Film. Bordwell erachtet Filmanalysen als produktiv, wenn sie Phänomene „wie das handwerkliche Vorgehen der Filmemacher und damit, wie Filme auf formaler Ebene funktionieren" beachten, „um von dort aus unsere Analyse und Erklärungen ‚nach oben' hin zu verallgemeinern bzw. ‚nach unten' hin zu konkretisieren."[208]

Bereits für die erste Hälfte der 1960er Jahre kann Bordwell demnach eine „Veränderung in der Repräsentations*weise* von Raumtiefe"[209] ausmachen. Diese sollte als „[unverwechselbare] Bildgestaltung"[210] in den 1970ern und 1980er wieder vermehrt im europäischen Kino auftauchen:

> „Bei dieser Bildgestaltung wird die Kamera im rechten Winkel zu Hintergrundflächen aufgebaut, so daß diese mit der Filmebene bildparallel sind [...]. Zweitens wird vermieden, die Figuren schräg von der Seite im ¾-Profil aufzunehmen; stattdessen sehen wir die Darsteller von vorne oder im Profil oder manchmal direkt von hinten [...]."[211]

---

204 Heinrich Wölfflin, 1915. Kunstgeschichtliche Grundbegriffe, Das Problem der Stilentwicklung in der Neueren Kunst, München.

205 Bordwell 1997, S. 17; siehe dazu auch Khouloki 2007, S. 10; Hartmann/Wulff 1995, S. 6.

206 Vgl. dazu auch Kholouki, der sich auf Bordwell bezieht: Kholouki 2012, S. 162; Kholouki 2007, S. 118; Meister 2004, S. 483-485; ‚planimetrisch' muss eine Übersetzung aus dem Amerikanischen sein, spricht doch Wölfflin von „flächenmäßig", Wölfflin 1915, S. 80.

207 Bordwell 1997, S. 19.

208 Ebd., S. 19, vgl. 41f.

209 Ebd., S. 25.

210 Ebd., S. 20.

211 Ebd.

Diese Art der Bildgestaltung stimmt mit einigen Einstellungen in *L'Eclisse* überein beispielsweise trifft sie auf die an der Küchentür lehnende Vittoria im Prolog zu.

Wölfflin, den Bordwell für seine Argumentation heranzieht,[212] stellte in seiner Einführung des Kapitels *II. Fläche und Tiefe* bezüglich der Malerei des 16. Jahrhundert fest, dass dieses flächenhafter war als das 15. Jahrhundert. Dies begründet er damit, dass es

> „den flächenmäßigen Zusammenschluss der Formen als Grundsatz anerkennt, und daß dieses Prinzip der Flächenkomposition vom 17. Jahrhundert zugunsten einer ausgesprochenen Tiefenkomposition fallen gelassen wurde. Dort ein Wille zur Fläche, der das Bild in Schichten bringt, die parallel zum Bühnenrand stehen, hier die Neigung, dem Auge die Fläche zu entziehen, sie zu entwerten und unscheinbar zu machen, indem die Verhältnisse des Vor- und Rückwärts betont werden und der Beschauer zu Bindungen nach der Tiefe hin gezwungen wird."[213]

Diese Flächigkeit als grundeigene Medienspezifik der Malerei[214] macht sich auch der „modernistische Film"[215] als Raumkunst zu eigen, der damit – in *L'Eclisse* wird dies anschaulich – auch den von Wölfflin festgestellten "Eindruck" hervorbringen kann:

> „Wir neigen dazu, diese Inszenierungs- und Aufnahmetechnik als ‚flach' (‚*flat*') oder flächig, mit geringer Tiefe (*shallow*) zu bezeichnen: Sie erzeugt nicht diese spitzwinklige Perspektive, die wir z.B. mit Welles oder Wyler verbinden. Die Figuren erscheinen weniger voluminös, eher wie einfache Scherenschnitte oder – bildnerisch gesprochen – Figuren auf einem Grund."[216]

Die Entstehung dieses „Bildtypus"[217] im Film setzt Bordwell bereits Ende der 1950er an, und zwar mit der zunehmenden Verwendung von Teleobjektiven mit langen Brennweiten im Gegensatz zu den kurzen bei Weitwinkel-Objektiven.[218] Neben der Alternative zum Hollywood-Kino und dem Fokus auf die Narrationsebene habe so ein Teil dieses „‚Kunstkinos' beziehungsweise ‚Kinos der Moderne'

---

212 Vgl. Bordwell 1997., S. 20.
213 Wölfflin 1915, S. 80.
214 Vgl. Greenberg [1960] 1997, S. 268.
215 Vgl. Bordwell/Thompson 1976, S. 41.
216 Bordwell 1997, S. 20.
217 Ebd., S. 26.
218 Vgl. ebd.

[...] den Akzent auf die Künstlichkeit, das Konstruierte des Bildes"[219] gelegt. Gemäß Bordwell sei dies oftmals gerechtfertigt worden als ein Verfahren, das mit dem "Illusionismus" des klassischen Hollywood-Erzählkinos brechen wollte. Das Bild sollte uns demnach nicht eine falsche, jedoch greifbare Welt auffassen lassen, vielmehr sollte „diese visuelle Umsetzung [uns] dazu [bringen], das Bild *als Bild* wahrzunehmen."[220] Die Ähnlichkeit zum sorgfältig komponierten Schaufenster-Display sieht Bordwell insofern, als dass die „statische, lang durchgehaltene planimetrische Einstellung [die Aufnahme quasi] ‚verbildlicht' [...]. Darin liegt die Verbindung zu Malerei und Graphik, ein Effekt, den sowohl Antonioni als auch Godard ausgenutzt haben."[221]

2.5 *Cadre* und *Cache* oder die Raumwirkung von Standbild und Bewegungsbild

Ein wichtiges Mittel für Antonionis Schaffen seiner suggestiven Bildkompositionen ist die Kadrierung (*Framing*) über die Kamera als Mittler. Die Kadrierung bezieht sich der Bezeichnung nach auf das bildliche Kader, *Cadre*, das vom *Cache* zu unterscheiden ist. Dies erläutert André Bazin in seinem Kapitel *Peinture et cinéma* in *Qu'est-ce que le cinéma?*[222] *(Malerei im Film* in *Was ist Kino?*)[223]. Der sich auf das Gemälde beziehende Rahmen (*Cadre*) hat die Aufgabe „die Heterogenität des gemalten Mikrokosmos und des natürlichen Makrokosmos, in den das Gemälde sich einfügt, wenn nicht zu schaffen, so doch hervorzuheben."[224] Indem sich der kontemplative Raum nur auf das Innere des Gemäldes öffnet, ist der Rahmen zentripetal, im Gegensatz zur zentrifugalen Leinwand, die ein *Cache*, eine Abdeckung ist, die „als beweglicher Ausschnitt"[225] nur einen Teil der Realität freilegen kann: „Der Rahmen polarisiert den Raum nach

---

219 Bordwell 1997, S. 28.

220 Ebd., S. 28; siehe dazu auch Meister 2004, S. 482.

221 Bordwell 1997, S. 31.

222 André Bazin, [o.J] 2009. Peinture et cinéma, in: Ders., Qu'est-ce que le cinéma?, Paris, S. 187-192; Bazin, [o.J.] 2009, S. 224-230. Siehe dazu auch Reichert 2007, S. 65; Liptay 2006, S. 110-113; Prümm 2006, S. 18.

223 Bazin 2009.

224 Bazin [o.J.] 2009, S. 225.

225 Reichert 2007, S. 65.

innen, hingegen ist alles, was die Leinwand uns zeigt, darauf angelegt, sich unbegrenzt ins Universum fortzusetzen."[226] Bazin vollzieht die Verbindung von Gemälde und Kino, motiviert durch Maler-Filme, beispielsweise Alain Resnais' *Van Gogh* (1948). Als wichtigstes Argument hinsichtlich des Verrats, gar der Zerstörung der Malerei durch das Kino nennt Bazin die Negierung des Rahmens bei Detailaufnahmen, womit das Gemälde nicht nur verzerrt, sondern verzehrt werde.[227] Nicht nur im Prolog werden in *L'Eclisse* Gemälde ins Bildfeld gerückt: Der Film ist voll davon - von traditionell gerahmten und modernistisch ungerahmten. Doch nie rückt die Kamera dermaßen die Gemälde ins Bildfeld, sodass deren Autonomie aufgehoben werden würde.

Im Film lässt sich eine Sequenz ausmachen, die sich auf die Differenz von *Cadre* und *Cache* beziehen lässt, jedoch über die Fotografie, die sich zwischen die Begriffe stellt: Gleichsam eine kühne Belebung statischer Bilder, die alsbald wieder aufgehoben wird, findet sich in der Episode in der Wohnung Martas, Vittorias Nachbarin, die in der britischen Kolonie Kenia aufgewachsen ist. An den Wänden hängen Fotografien des fernen Landes; die andere Nachbarin Anita durchblättern einen Fotoband über die Naturwunder Afrikas. Als Vittoria frontal vor der Fotografie mit der Uferansicht des Sees Naivasha steht (Abb. 20), schildert Marta aus dem *Off*, wo sich ihre Farm befindet.

226 Bazin [o.J.] 2009, S. 225.

227 Vgl. ebd., S. 225f.

Abb. 19-21 Vittoria sucht Martas Farm am See Naivasha

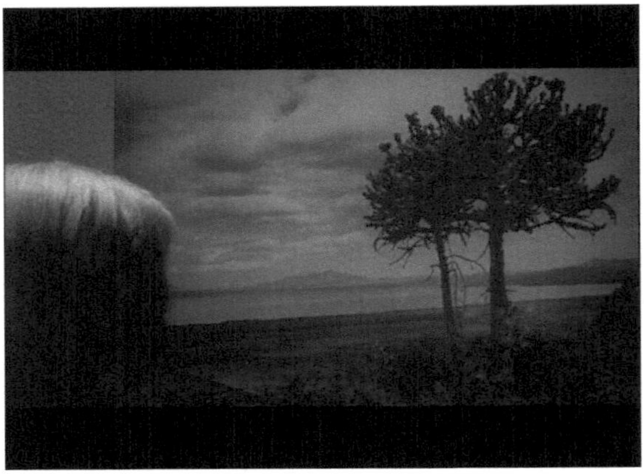

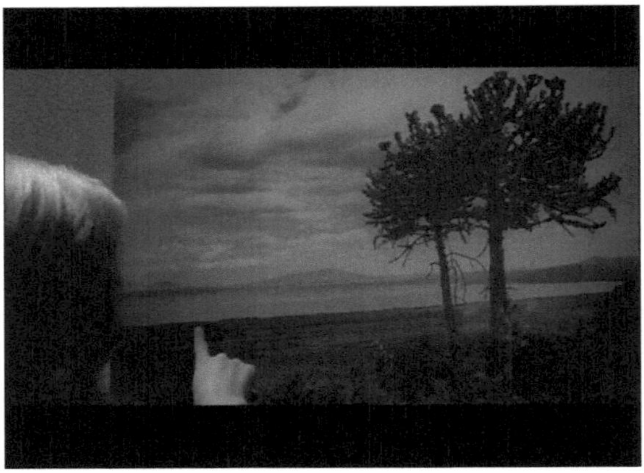

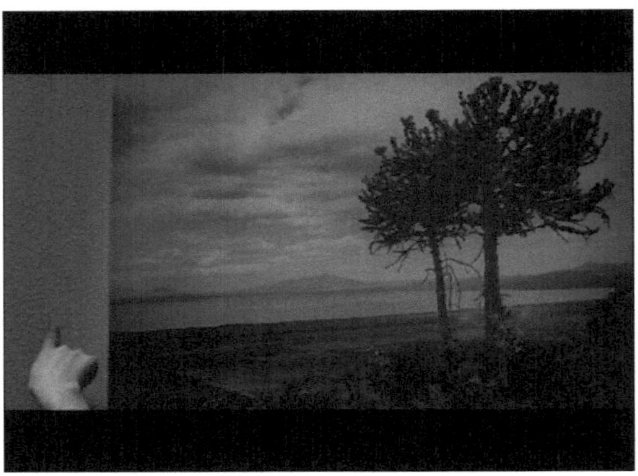

Daraufhin setzt Vittoria ihren Zeigefinger auf das Bild, was sie mit der Frage „Qui?" ergänzt (Abb. 20). Marta berichtigt, indem sie anfügt, dass sich das Haus weiter links befinde. Vittoria fragt daraufhin „Allora qui?", während sie ihren Zeigefinger links der Fotografie auf der nackten Wand platziert, die Verlängerung des Ufers neben dessen fotografischer Wiedergabe imaginierend (Abb. 21.).[228] Marta bejaht mit einem Schmunzeln. Wo im Film das bewegliche *Cache* über die Kamerabewegung das *Hors champ* ins *Cadre* beziehungsweise Bildfeld holen kann, bleibt die Fotografie ein einzig statisches Bild. Dasjenige des Kilimanjaro und jenes der Savanne werden sodann von der Kamera so in den Fokus genommen, dass deren Bildränder nicht mehr sichtbar sind. Die Wirkung der eindrücklichen Landschaftsansicht oszilliert zwischen einem Gefühl für die Weite der landschaftlichen Ebene, die der Film als räumliches Medium vermitteln kann und dem ständigen Wissen, dass es sich lediglich um die filmische Standbildaufnahme einer Fotografie handelt - ein Bild im (Film)Bild. Indem das Savannenbild mit der Kamera abgetastet wird, präsentiert die Kamera, wie sie durch ihre Bewegung das Bildkader verschieben und das, was sich zuvor im *Hors champ* befand, ins Blickfeld rücken kann. Begleitet von Trommelmusik aus dem *Off*, die gerade von der faszinierten Vittoria aufgelegt wurde, fährt die Kamera die ohne Abstand aneinandergereihten, fotografischen Portraits der Massai ab. Dabei bleibt deren fotografische Bildhaftigkeit zwar durch die Bewegungslosigkeit der Menschen sowie durch die Sichtbarkeit der vertikalen Bildränder bestehen, dennoch vermag die Musik die exotische Atmosphäre, zumindest die Faszination dafür, heraufzubeschwören. Dies kulminiert darin, dass über einen harten Schnitt plötzlich Vittoria verkleidet und geschminkt als tanzende Afrikanerin erscheint.

Khouloki überträgt die Begrifflichkeiten von *Cadre* und *Cache* auf die gerade angesprochene, unterschiedliche Raumwirkung von Standbild und Bewegungsbild. Letzteres erweist sich demnach ten-

[228] Vittorias Zeigefinger - als Zeigender und diesmal auch als Tastender - kommt nochmals zum Einsatz bei ihrer Entdeckung des eigentümlichen Tischs im Kolonialstil, dem ein Elefantenfuß als Tischbein dient.

denziell stärker zentrifugal, indem es den *Off*-Raum wirkungsvoller miteinbeziehen kann.[229] Wie sich mit dem Prolog bereits angekündigt hat, sind die Kamerabewegungen in *L'Eclisse* unauffällig gehalten, verschieben sich nur minimal, zumeist nah an den Protagonist*innen, und es bieten sich keine langen Kamerafahrten. Damit gewinnt das einzelne, unmittelbare, filmische Bild - das (zentripetale) *Cadre* - an Ausdruckskraft.

2.6 L'Eclisse und die Modernistische Malerei

Bis anhin wurde in dieser Arbeit vornehmlich die stark fotografische Qualität in *L'Eclisse* herausgearbeitet, die bereits die beiden vorhergehenden Filme, namentlich *L'Avventura* (1960) und *La Notte* (1961), auszeichnet. Auch in der Literatur zu Antonioni werden dessen bildhafte Kompositionen mehrfach mit denen der Fotografie und jenen der Malerei verglichen beispielsweise durch Bondanella:

> „First and foremost is Antonioni's absolute control over his composition. Every aspect of an individual shot is artistically organized for the fullest effect, just as if the director were a painter or a still photographer: a shot or sequence by Antonioni is marked as surely as though his signature were affixed to the celluloid."[230]

Wie bereits Chatman hebt Bondanella hervor, dass einzelne Einstellungen oder auch Sequenzen für sich als eigene Werke stehen könnten, einmal mehr deutlich machend, wie sehr die Filmbilder über der Narration stehen. Im Folgenden werden die zahlreichen Bezüge zur damals zeitgenössischen Malerei in *L'Eclisse* - indem entsprechende Gemälde im Film gezeigt werden und indem Antonionis filmische "Bildsprache" Parallelen zu den Praktiken der modernistischen Malerei aufweist - besprochen.

---

229 Vgl. Khouloki 2012, S. 163.

230 Bondanella 2001, S. 213.

Antonioni, der selbst auch malerisch tätig war,[231] bezeichnete sich als Liebhaber der Malkunst und Piero della Francesca als seinen Lieblingskünstler.[232] Ebenfalls hegte der Filmregisseur ein Interesse für zeitgenössische Kunst aus Europa und aus Amerika.

Im Entstehungsjahr von *L'Eclisse* (1961) kaufte sich der Filmemacher ein Werk seines Freundes Giorgio Morandi.[233] In Antonionis Kino trifft man filmisch auf Seherfahrungen, die mit jenen mit Werken Morandis verglichen werden können: So wartet der episodenhafte Film *L'Eclisse* jeweils mit neuen Sequenz-Einstellungen auf, die erst im Laufe der Zeit er=örtert werden können, oftmals gar erst räumlich lesbar werden. Letzteres besteht beispielsweise beim schwarzen Bild mit Lichtpunkten, das sich erst durch den das Geräusch des heranrasenden Piero als Straßenszene zu erkennen gibt, oder das beinahe unlesbare Bild, das sich alsbald durch den herauffahrenden Lift und dem Aussteigen Vittorias und Pieros als Treppenhaus zeigt. Die Dinge in Morandis Gemälden oszillieren für den Betrachter zwischen Entkörperung und Verkörperung;[234] „Die Zeit ‚hält sich' in der Ruhe", das geschaffene Bild wird „Ort der Solidität und der Gegenwart".[235] Im Gegensatz dazu ist mit der Sukzessivität des Films doch eine Seherfahrung gegeben, die das entkörpert Wahrgenommene in linearer Zeitlichkeit zu einem erkennbaren, verkörpert Sichtbaren bringt, dies eingebunden in die narrative Dynamik. Für die Narration in ihrer Episodenhaftigkeit und Zufälligkeit lässt sich analog sagen, dass sie sich immer wieder verkörperlicht und wieder entkörperlicht, bis in der Ruhe der Schlussepisode die Erzählung aufgelöst wird. Innerhalb der einzelnen Einstellung können die Zuschauer*innen auch eine Gegenwart erfahren, in dem Sinne, als dass durch den Wegfall der erzählten Zeit die filmi-

---

231 Vgl. Kiefer 2008, S. 36. Ein kurzes Statement von Antonioni zu seinem malerischen Werk findet sich in: Chatman 2004, S. 151. Siehe dazu auch Georgiana Banita. Antonionis Ölmalerei: Vom unbewussten Rohstoff einer materiellen Filmästhetik, in: Glasenapp 2012, S. 153-181 u. den Kat. zur von Dominique Païni kuratierten Antonioni-Ausstellung in Ferrara 2013.

232 Vgl. Antonioni [1979] 2001, S. 189; Vgl. auch Antonioni [1985] 2001, S. 218f.; Gianetti 1999, 162.

233 Vgl. Brückle 2006, S. 177.

234 Vgl. Boehm 2008b, S. 20.

235 Vgl. ebd.

sche Zeit mit derjenigen der Zuschauer*innen-Erfahrung gleichkommt. Gar zur Auflösung des Films kommt es dann mit dem Schlussbild von *L'Eclisse* als Straßenlampe im gehaltenen *Close Up*.[236]

Das Zeigen von Werken des *Abstrakten Expressionismus* und der *Farbfeldmalerei* in *L'Eclisse* mag auch durch aktuelle Kunstausstellungen in Italien motiviert worden sein. 1958 präsentierte die *Galleria Nazionale d'Arte Moderna* in Rom eine Jackson Pollock-Retrospektive und die große Übersichtsausstellung *The New American Painting* war im selben Jahr in Mailand zu sehen. Aktuelle amerikanische Kunst wurde in den späten 1950ern und frühen 1960ern vermehrt in römischen Galerien gezeigt, darunter auch Mark Rothko.[237] Bereits Claudia (Monica Vitti) besucht zu Beginn von *L'Avventura* eine Galerie, die sich auch tatsächlich auf der römischen Tiberinsel befand, namentlich die *Rome-New York Art Foundation*.[238] Gegen Ende der Rothko-Retrospektive in Rom im Jahre 1962 erfuhr Antonioni durch seinen Freund Furio Colombo, dass der amerikanische Künstler ihm ein Bild schenken wolle, was Antonioni veranlasste, Rothko persönlich zu kontaktieren. Am Schluss seines Briefes an Rothko bemerkte Antonioni: „Ebbi già occasione di dirle quanto io senta - forse presuntuosamento - la sua pittura vicina al mio lavoro, come esperienza fantastica se non altro."[239] Die Einführung von *L'Eclisse* in Amerika nahm Antonioni dann zum Anlass, das Atelier Mark Rothkos in New York City aufzusuchen.[240] Antonioni ließ Rothko über seinen Übersetzter wissen: „Your paintings are like my films. They are about nothing ... with

---

236 Zur Zeitlichkeit vgl. Weiss 2007, S. 53. Zu Morandi vgl. Boehm 2008b. Zur Schlusssequenz siehe Kapitel 3.3.1.

237 Vgl. Beatrice Marconi, 2002. Le gallerie e le mostre, Il mercato di quando non esisteva il marketing, in: Roma 1948-1959, Arte, cronaca e cultura dal neorealismo alla dolce vita, hg. v. Maurizio Fagiolo dell'Arco u. Claudia Terenzi, Mailand, S. 97-113 u. Nadja Perilli, 2008. Gli Americani a Roma, in: Roma 1948-1959, Arte, cronaca e cultura dal neorealismo alla dolce vita, hg. v. Maurizio Fagiolo dell'Arco u. Claudia Terenzi, Mailand, Mailand, S. 137-41, zitiert aus: Benci 2008, S. 82. Zu Rothko siehe auch Boehm 2008a.

238 Vgl. ebd., S. 66f.

239 Vgl. Weiss 2007, S. 45 („Ich hatte schon die Gelegenheit, Ihnen zu sagen, welch Ähnlichkeit ich - vielleicht bilde ich es mir ein - zwischen Ihrer Malerei und meinem Werk fühle, zumindest als eine fantastische Erfahrung." Übers. J.M.).

240 Vgl. ebd., S. 45.

precision."[241] Richard Gilman, dessen Essay-Titel auf das Treffen der beiden Künstler rekurriert, bezog das Zitat auf die narrative Ebene:

> „Antonioni's films are indeed about nothing, which is not the same thing as being about nothingness [...]. [W]ithout being abstract, [the films are] about nothing in particular, being instead, like most recent paintings, self-contained and absolute, an action and not the description of an action."[242]

Gilman rückt die Antonioni-Filme demnach in die Nähe modernistischer Malerei, indem er ihnen eine Unmittelbarkeit attestiert: Sie erzählen weniger eine Geschichte, sondern zeigen sich selbst. Antonioni äußerte sich selbst zur Malerei und deren Einfluss auf seine Filme:

> „Io sono un amante della pittura. È una delle arti che, con l'architettura, vengono per me subito dopo il cinema, come scala di interessi. Mi piace leggere libri di pittura e di architettura, di sfogliare continuamente volumi, di andare alle mostre, di seguire; non per essere al corrente, ma perché è una cosa che mi appassiona, che mi piace. Quindi, credo che tutta questa sensibilità io l'abbia un po' assimilata. Non mi pare, facendo delle inquadrature, di ricorrere ad accostamenti diretti con un certo quadro, con un certo pittore; questo lo escluderei. È un fatto mediato, che nasce spontaneamente in quanto io seguendo la pittura moderna evidentemente mi sono orientato verso un certo gusto, verso una certa maniera."[243]

Der Vergleich zwischen Malerei und Film drängt sich spätestens mit *Il Deserto Rosso* (1964), Antonionis erstem Farbfilm, auf. Eindringlich diskutiert wird dieser jeweils in den Artikeln von Caro-

---

241 Ebd., S. 46; vgl. Cardullo 2010, S. 121; Chatman 1985, S. 54.

242 Richard Gilman, 1962. About Nothing – with Precision, in: Theatre Arts, Juli 1962, S. 11, zitiert aus: Weiss 2007, S. 46.

243 Antonioni [1961] 2001, S. 43 („Ich bin Liebhaber der Malerei. Sie gehört zu den Künsten, die für mich, zusammen mit der Architektur, gleich nach dem Film kommen. Ich lese gerne Bücher über Malerei und Architektur, es macht mir Spaß, dauernd in dicken Bänden zu blättern, in Ausstellungen zu gehen, die Dinge zu verfolgen; nicht um auf dem laufenden zu sein, sondern einfach, weil es mich begeistert, weil es mir Spaß macht. Daher glaube ich, daß ich mir das Gefühl dafür erworben habe. Ich glaube nicht, daß ich mich bei einer Bildkomposition direkt an ein bestimmtes Bild oder einen bestimmten Maler anlehne; das würde ich ausschließen. Es ist mittelbarer und ergibt sich von selbst, da ich mich natürlich, der modernen Malerei folgend, in einer bestimmten Richtung, auf einen bestimmten Stil hin orientiert habe." Antonioni [1961] 1964, S. 107.).

line Meister, Wolfgang Brückle und zuletzt Jeffrey Weiss, insbesondere bei Meister auch bezüglich des Figur-Grundverhältnisses als ein im Modernismus charakteristisch verunsichertes.[244]

Hier stellt sich die Frage, wie Antonionis Aussage aus dem Frühjahr 1961 mit seinem Film *L'Eclisse* in Verbindung gebracht werden kann, der im Sommer desselben Jahres gedreht wurde.[245] Jacopo Benci verweist beispielsweise auf die eigentümliche Bildkomposition in der Börse, worin zwischen Vittoria und Piero eine Säule dermaßen ins Bildfeld gesetzt ist, dass sie als flächiges Feld wirkt, was an Kompositionen von Barnett Newman oder Mark Rothko erinnert (Abb. 22).[246]

Abb. 22 Vittoria, ihre Mutter und Piero an der Börse

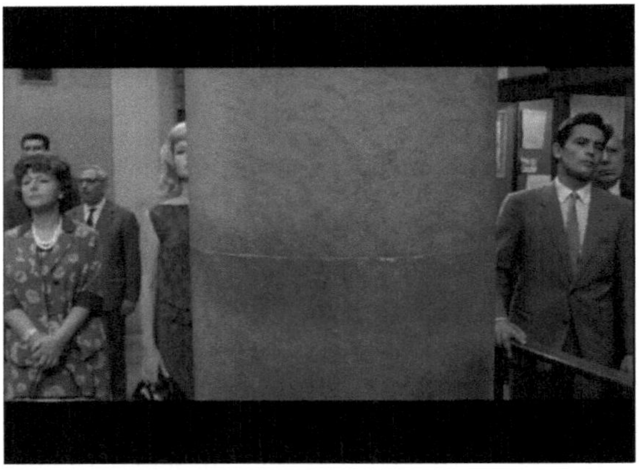

Die im Film zahlreich gebotenen Ansichten von Werken des *Abstrakten Expressionismus* und der *Farbfeldmalerei* sowie der beinahe zeitliche Zusammenfall mit Clement Greenbergs Publikation *Modernist Painting* (1960)[247] wird hier als Deutungseinladung angenommen. Greenberg setzt im ersten Abschnitt von *Modernist Painting* (1960) mit Immanuel Kant an. Er bezeichnet diesen als „the first real Modernist"[248], weil er der erste gewesen sei, „to criticize the

244 Siehe dazu Weiss 2007; Brückle 2006; Meister 2004.

245 Zumindest die Szenen in der Börse wurden während deren Sommerschließung im August 1961 gedreht. Vgl. Benci 2008, S. 70.

246 Vgl. Benci 2008, S. 71; Rifkin 1982, S. 57.

247 Greenberg [1960] 1995. Siehe dazu auch Cavell 1979.

248 Greenberg [1960] 1995, S. 85.

means itself of criticism“[249]. Diese selbstkritische Tendenz habe sich mit dem Modernismus laut Greenberg intensiviert und zunehmend verschärft:[250]

> „It quickly emerged that the unique and proper area of competence of each art coincided with all that was unique in the nature of its medium. […] 'Purity' meant self-definition, and the enterprise of self-criticism in the arts became one of self-definition with a vengeance.
> Realistic, naturalistic art had dissembled the medium, using art to conceal art; Modernism used art to call attention to art.“[251]

Die Flächigkeit, die durch die Bilder des *Abstrakten Expressionismus* und *Farbfeldmalerei* thematisiert wird, bezeichnete Greenberg als diejenige Bedingung, die „unique and exclusive to pictorial art“[252] sei. Bezüglich des Rahmens nennt Greenberg Piet Mondrian (1872-1944), dessen kreuzende schwarze Linien und farbige Rechtecke „seem hardly enough to make a picture out of, yet they impose the picture's framing shape as a regulating norm with a new force and completeness by echoing that shape so closely.“[253]

Mit Bezug auf Avantgarde-Filme greift Bordwell in seinem Buch *Making Meaning*[254] Greenberg abermals auf: „Anti-illusionism and reflexivity became commonplaces of film interpretation, while Greenbergian conceptions of flatness, framing, and the act of looking set a fresh critical agenda.“[255] So ist es „not difficult to apply this schema to such Warhol films as *Empire*, which could be said to display cinema's essential ability to record time or to present shifting gradations of black and white.“[256] Anti-narrative Experimentalfilme verweisen auf die „negative-positive values of the surface“, auf die Kamerahandhabung durch das Wackeln, auf die Erscheinung als Lichtprojektion durch das Flackern.[257] Dadurch wird eine „aesthetic distance“[258] gefördert „in which we become aware of our

249 Ebd.
250 Vgl. Greenberg [1960] 1997, S. 265.
251 Greenberg [1960] 1995, S. 86.
252 Ebd., S. 87.
253 Greenberg [1960] 1997, S. 273.
254 Bordwell 1989.
255 Ebd., S. 58.
256 Ebd., S. 57.
257 Vgl. Bordwell 1989, S. 57.
258 Ebd., S. 57, 59.

own awareness."[259] Wie die Prolog-Analyse bereits gezeigt hat, finden sich in *L'Eclisse* bekanntlich keine solch direkten Referenzen auf die filmische Medienspezifik, die sich an der Filmoberfläche – damit sind der Filmstreifen und die Lichtprojektion gemeint – ereignen. Von filmischer Selbstreferenzialität kann demnach nicht direkt die Rede sein, allerdings einer Referenz auf das Filmemachen über die Gemachtheit des Films, was hier abschließend erläutert werden soll.

Eine ‚narrative Distanz'[260] ergibt sich in *L'Eclisse* bereits zu Beginn, indem mit den Konventionen des klassischen Erzählkinos gebrochen wird, da eigentlich nichts (mehr) passiert. Durch die Episodenhaftigkeit und fehlende Dramaturgie[261] lenkt der Film mit seinen mitunter langen Einstellungen die Aufmerksamkeit auf das Visuelle: „Die Wirkungsfunktion der offenen Erzählstruktur liegt [...] darin, dass der Zuschauer gezwungen wird, *alles* Sichtbare (und nicht nur Partikel zum Zweck der Handlungsauflösung) wahrzunehmen."[262] Es ist demnach nicht länger ein der Narration unterstellter Handlungsraum auszumachen, vielmehr stellt sich die sich als durchkomponiert präsentierende Bild- und Raum-Konstruktion über das Narrative. Dies wird verstärkt durch eine Inszenierung im Film, nämlich derjenigen Vittorias und deren Bild-Raum-Arrangement als Antonionis ‚selbstbewusster' Verweis auf seine Aufgabe

---

259 Ebd., S. 59.

260 Vgl. „aesthetic distance" bei Bordwell 1989, S. 57, 59.

261 Siehe dazu Aristoteles 2008. Aristoteles, der in seiner *Poetik* (um 335 v. Chr.) das Drama in Tragödie und Komödie unterteilt, sieht für die Tragödie, eine geschlossene Handlung mit Anfang, Mitte und Ende vor, was bei *L'Eclisse* aufgehoben wird. Siehe Aristoteles 2008, S. 33. Wo bei Aristoteles das Unabgeschlossene und das Episodische nicht der Wahrscheinlichkeit entspricht, ist es bei Antonioni genau umgekehrt dem realen Leben entsprechend: „La verità della nostra vita quotidiana non è meccanica, convenzionale o artificiale come in genere le storie." Antonioni (1961) 2001, S. 26 („Die Wahrheit unseres Alltagslebens ist nicht mechanisch, konventionell oder künstlich wie gewöhnlich die Geschichten." Übers. J.M.).

262 Schenk 2008, S. 71; Die „offene Erzählstruktur" deklariert Umberto Eco bereits 1962 für *L'Avventura* als nach Schenk „Verweigerung einer linearen Handlungsgeschichte, wodurch dem Zuschauer Rätsel in Form kleiner Nebengeschichten aufgegeben werden, die jedoch gar keiner Antwort harren und daher auch dergestalt irritieren, dass bloß mediengewohnte Projektion von Identifikationsansprüchen nicht mehr befriedigt wird." Schenk 2008, S. 68; siehe dazu Eco [1962] 1973, S. 202-210.

als „metteur-en-scène"[263] mit Rifkin und eben auch als ‚metteur-en-image', wie hier nachgewiesen werden konnte. Dort, wo Antonioni die planimetrische Raumkonstruktion anwendet und die *Mise en Images* als mit Bazin zentripetale, da bildhafte Komposition hervorhebt, zeigt sich am augenfälligsten die künstlerische und künstliche ‚Zusammengefügtheit' des Films. Peter Brunette verweist hier auf Edouard Manet (1832-1883), als einen Maler „who [...] flattens the perspective of his canvas, thus purposely calling attention to the artificiality of the two-dimensional medium."[264] Mit dieser Feststellung knüpft Brunette offensichtlich an Greenbergs *Modernist Painting* an: „Manet's became the first Modernist pictures by virtue of the frankness with which they declared the flat surfaces on which they were painted."[265] Auch die abermalige Rahmung von Figuren durch Fenster und Türen, die bei Frontalaufnahme zudem die Dimensionen des Bildgevierts wiederholen, erinnern an Manets Malerei.[266] Durch Vittorias Bildkomposition mit dem Bilderrahmen bekundet Antonioni sein bewusstes Filmschaffen und macht durch diesen Verweis auf die Metaebene auch die Distanz zwischen Zuschauer*in und angeschautem Film bewusst,[267] was Martin Warnke als Grundeigenschaft des Films formuliert: „Der Rahmen aber ist, wie Georg Simmel sagt, dazu da, das Bild ‚in die Distanz zu stellen'. Schon durch diese Rahmensituation ist das filmische, bewegte Geschehen vorgeprägt, jedenfalls abgerückt, als Anschauungsgegenstand bestimmt und gefasst."[268]

Beinahe als Demonstration der künstlichen Gemachtheit der *Mise en Scène* konnten die Figuren-Choreographien im Prolog von *L'Eclisse* geltend gemacht werden, welche den Raum quasi abschreiten. Dies fällt umso mehr auf, da dieses Abschreiten der Raumdimensionen im klar begrenzten Interieur als Wohnraum

---

263 Rifkin 1982, S. 49.

264 Brunette 1998, S. 44; vgl. Brunette 1998, S. 76.

265 Greenberg [1960] 1995, S. 86.

266 Brunette 1998, S. 45; zu Manet siehe Foucault [1989] 1999, speziell zur Bildfläche und zum Bildraum bei Manet: Foucault [1989] 1999, S. 6f., 11-29.

267 Vgl. Perez 1991, S. 244.

268 Warnke 2006, S. 77, darin das Simmel-Zitat aus: Georg Simmel, 1995. Der Bildrahmen. Ein ästhetischer Versuch, in: Ders., Aufsätze und Abhandlungen 1901-1908, Bd. 1 von 7, hg. v. Rüdiger Kramme, Angela Rammstedt und Otthein Rammstedt, Frankfurt am Main, S. 101-108, hier: S.101.

stattfindet, der dennoch nie vollständig erschließbar wird. Indem sich die Erzählstruktur zeitweise zum Dokumentarischen hin öffnet - namentlich in den Börsenszenen, dem Flug nach Verona und in den mit dem Weitwinkelobjektiv aufgenommenen Stadtraum-Ansichten des *EUR* - besteht einmal mehr der Eindruck, alles Gezeigte wahrzunehmen. Schließlich ist durch das Ausbleiben der Figuren im römischen Stadtteil *EUR* auch die lose Erzählung ‚abgeschritten'. Narratologisch gesehen präsentiert *L'Eclisse* somit einen fragmentierten Erzählraum[269], von dem sich die Erzählung schließlich löst. Damit verlieren sich die Zuschauer*innen in ein reines Schauen, geboten durch die filmische Leerstelle, die Ellipse[270], als „[anwesende] Abwesenheit"[271] der Erzählung. Fabienne Liptay folgert: „Insofern markiert die Leerstelle nicht bloß die Abwesenheit von Handlung oder Handlungsträgern, sondern generiert einen neuen Bildinhalt: Der Raum ist entleert von Erzählung und erfüllt von Zeit."[272] Dieser ‚pure' Sehraum gründet mitunter auf der Tatsache, dass „Film [...] zusammen mit [der] Fotografie die einzige Kunstart [ist], die ihr Rohmaterial zur Schau stell[t]."[273] Wenn damit also zur ureigenen Medienspezifik des Realfilms die ‚pure'

269 Das narratologische Konzept des Erzähl- oder des Handlungsraums ist das Gegenstück zum Bildraum im formalistischen Sinne. Siehe Kappelhoff 2006, S. 404. Der Begriff ‚Bildraum' wurde auch hier im formalistischen Sinne verwendet, spezifisch dann, wenn Einzeleinstellungen einen räumlichen Eindruck, die *Mise en Scène* vermitteln.

270 Siehe dazu den Eintrag in Gräf et al. 2011, S. 328-334.

271 Liptay 2006, S. 117.

272 Ebd., S. 131.

273 Kracauer [1960] 2005, 464.

Wiedergabe eingefangener Realität gehört, könnte dies mit Greenbergs *Pure Opticality*[274] in Verbindung gebracht werden. Dies insofern, als dass in der Schlusssequenz „Momente eines *cinéma pur*"[275] gewonnen werden, in denen sich die sichtbare Oberfläche der Dinge - die Ästhetik des Materials - gegen den erzählerischen Auftrag - die literarische oder dramatische Struktur - behauptet.[276] Dies vermag in der Schlusssequenz von *L'Eclisse* an jenen Stellen wiederum durchbrochen werden, wenn Rückenansichten von Figuren mit Vittoria respektive Piero verwechselt werden. Am Stärksten aber vollzieht sich dieser Bruch beim Lesen der Zeitungsschlagzeile, die ein Passant mitführt: Auf der Titelseite prangt *La gara atomica* und der Hauptartikel ist mit *La pace è debole* überschrieben.

---

274 Dieses Greenberg zugeschriebene Begriffspaar ist in seinen Texten in der substantivierten Form nicht aufzufinden [?]. Bereits 1949 schrieb er von der „'purity' of the optical" (in: Clement Greenberg, On the Role of Nature in Modernist Painting [1949], in: Ders. Art and Culture, critical essays, Boston 1968, S. 171-174, hier S. 171). In *Modernist Painting* greift er dieses Phänomen wie folgt auf: „With Manet and the Impressionists the question stopped being defined as one of color versus drawing, and became one of purely optical experience against optical experience as revised or modified by tactile associations. It was in the name of the purely and literally optical, not in the name of color, that the Impressionists set themselves to undermining shading and modeling and everyhting else in painting that seemed to connote the sculptural." Greenberg [1960] 1995, S. 89. Michael Fried rekurriert seinerseits auf Greenbergs *opticality*, vgl. Michael Fried, 1998. The issue of "opticality", in: Ders., Art and Objecthood, Essays and Reviews, Chicago, S. 19-23.

275 Mit dem *Cinéma pur* verweist Liptay auf den in den 1920ern von Avantgarde-Künstlern*innen eingeführten Bruch mit dem kommerzialisierten Film und dessen zahlreichen, qualitativ schlechten Verfilmungen von Theaterstücken und Romanen. Gemäß Kracauer war dabei noch wichtiger, dass ihr Kino auf der Überzeugung gründete, „daβ die Handlung als Hauptbestandteil von Spielfilmen dem Medium fremd, ihm von auβen her auferlegt sei. Es war eine Auflehnung gegen den Spielfilm schlechthin, ein planmäβiger Versuch, die Fesseln der Handlung im Interesse eines geläuterten Kinos abzustreifen." Kracauer [1960] 1985, S. 241, siehe ebd., S. 242.

276 Liptay 2006, S. 131; Vgl. den Bezug zum *Nouveau Roman*: Chatman 1989, S. 12; Kock 1994, S. 23; Salje 1994, Bd. 1, S. 147; Moure bezieht sich auf Alain Robbe-Grillets *Pour un nouveau roman* (Paris 1963), worin dieser festhält (S. 63), wie die Indeterminiertheit der Charaktere im *Nouveau Roman* sich der Überdeterminiertheit jener des klassichen Romans entgegenstellt, vgl. Moure 2001, S. 44.

2.7 Zwischenfazit: Antonioni als *Metteur en images*

Mittels eines ausführlichen Einstellungsprotokolls, das die ersten 32 Einstellungen und damit zeitlich ungefähr die Hälfte des Prologs umfasst, konnte nachgewiesen werden, dass Antonioni über das mitunter plakative Zeigen der Gemachtheit des Films auf sich als Filmschaffender verweist. Dies offenbart sich über die derart präzise austarierten Kadrierungen, was mit Vittorias Bildarrangement (3. Einstellung) angedeutet wird, sowie über Vittoria selbst, die die Raumdisposition richtiggehend abschreitet. Neben der *Mise en Scène*, die die Film-Raum-Komposition umfasst, wurde über den Begriff der *Mise en Images*, als filmische Bildkomposition gemäß Karl Prümm, die Verbindungen zur Fotografie aufgezeigt. So nimmt Antonioni seine Filme laut eigener Aussage als flächig wahr, indem er „ogni centimetro quadrato“[277] über die „macchina da presa“[278] als Entstehungsort des Films bestimmt. David Bordwells Begriff der *Mug Shot*-Einstellungen, in denen sich die Figuren wie bei einem Fahndungsbild parallel zum Bildfeld verhalten, erweist sich als ein Verfahren, das die Künstlichkeit des Filmbildes als Bild hervortreten lässt.[279] Mit André Bazins Begriffen von *Cadre* und *Cache* konnte die Wirkung der Standbildaufnahmen herausgearbeitet werden, die in *L'Eclisse* überwiegen. Durch die Standbildaufnahmen wird die Konzentration auf die einzelnen, zentripetal wirkenden Bilder (*Cadre*) gelenkt. Diese präsentieren sich in einer dermaßen durchkomponierten Direktheit und Schärfe, dass die Zuschauer richtiggehend dazu aufgefordert sind, alles Sichtbare wahrzunehmen.[280] Mit der historischen Einbettung und dem Hinweis, dass in der Zeit der Entstehung von *L'Eclisse* in den Museen und Galerien in Rom Werke des *Abstrakten Expressionismus* und der *Farbfeldmalerei* gezeigt wurden, was parallel auch im Film geschieht, bestätigt sich nicht nur der direkte Bezug zur Realwirklichkeit, sondern auch, dass Antonioni als ‚modernistischer Filmema-

---

277 Antonioni [1960] 2001, S. 125.

278 Vgl. Antonioni [1961] 2001, S. 30.

279 Vgl. Vgl. Bordwell 1997, S. 27f., 31; Bordwell 1997, S. 28; siehe dazu auch Meister 2004, S. 482.

280 Vgl. Schenk 2008, S. 71.

cher' aufgefasst werden kann. Etwa dadurch, dass sich der von Clement Greenberg geforderte, selbstbewusste Umgang mit dem eigenen Medium nicht unmittelbar im Gezeigten kundtut - beispielsweise als das Filmen eines Filmteams bei Jean-Luc Godard (geb. 1930) -, sondern dadurch, *wie* gezeigt und *wie* inszeniert wird. Die lose Erzählstruktur, wobei sich die Erzählung in der Schlusssequenz im römischen Quartier *EUR* gar auflöst, ist ebenfalls als ein modernistisches Verfahren zu deklarieren. Dabei wurde hier auch ein Vergleich mit der *Pure Opticality* nach Greenberg im Zusammenhang mit Fabienne Liptays *Cinéma Pur*[281] gezogen. Ein solches scheint nur möglich im *EUR*, da die dort gezeigten Orte (vermeintlich) ahistorisch, ja zukunftszugewandt und damit noch bedeutungsoffen wirken - im Gegensatz zum dermaßen geschichts- und bedeutungsträchtigen *Centro Storico*. Dennoch eröffnet der Schluss einen neuen Bedeutungshorizont, der den ganzen Film hindurch latent vorhanden war, nämlich die Rückbindung an die zeitgenössische Welt. Das abgefilmte *EUR*, das von der Filmerzählung entleert wurde und damit eine pure Filmraumerfahrung bietet, wird spätestens über den durch die Montage inszenierten Verweis auf die Welt eingeholt. Dies wird ausgelöst durch die Zeitungsschlagzeile über das atomare Wettrüsten, die verängstigten und misstrauischen Blicke anonymer Bewohner*innen und die unheilverkündende Musik. Dazu kommt die Inszenierung von Architektur und Stadtraum des *EUR* bereits über den ganzen Film hinweg. Angesichts Antonionis gezielter Wahl der Realräume für seine durchkomponierten Einstellungen, stellt sich die Frage, weshalb der Film fast vollständig diejenigen Ansichten des *EUR* auslässt, die an dessen historischen Kontext und damit seine Hervorbringung als bedeutendstes urbanistisches Projekt des Faschismus erinnern.[282] Von dieser geschichtlichen Referenzlosigkeit zeugen die gezeigten modernen Bauten, die ihre Struktur offen legen - gleich der Referenzlosigkeit der modernistischen Gemälde im Sinne ihrer Authentizität durch Selbstreferenzialität. Die vom Film vermittelte geschichtliche Referenzlosigkeit des Quartiers wird im Folgekapitel über die

---

281 Siehe Liptay 2006, S. 131; vgl. Antonioni im Interview mit Autera u. Mo in Antonioni [1975] 2001, S. 247.

282 Vgl. Lampugnani 2011, S. 491; Bauer 2009, S. 269.

Heranziehung des historischen Hintergrundes des Quartiers aufgehoben. Es wird somit das betrachtet, was im *Hors champ* quasi versteckt blieb: „Film is an art of absence, of partial views, an art that hides more than it shows."[283] Indem das Verdeckte in den Blick geholt wird und das Gezeigte im Sinne der exakt austarierten Bildkompositionen Antonionis in seiner Präsentation betrachtet wird, kann die Inszenierung des *EUR* im gesamtfilmischen Kontext gedeutet werden.

---

283 Perez 1991, S. 256.

3. Inszenierung städtischen Raums: Das römische Quartier *EUR*

Neben vornehmlich Innenaufnahmen in den Szenen im *Centro Storico* fungiert im Film *L'Eclisse* das südrömische Quartier *EUR* als Hauptschauplatz. Dessen Zentrum mit seinen neoklassizistischen Bauten, welches oft mit Giorgio De Chiricos Bildwelt verglichen wird, diente bereits diversen Filmen als Kulisse.[284] Die Darlegung des historischen Hintergrunds des Quartiers, das auf ein faschistisches Städtebauprojekt zurückgeht, trägt wesentlich zum Filmverständnis von *L'Eclisse* bei. Damit wird dementiert, dass Antonionis Schauplatzwahl einzig von der „visual presence"[285] herrührte, die das Quartier von jeher charakterisiert. Über das Studium der filmischen Inszenierung des *EUR* und dessen Bauten sowie eine Gegenüberstellung des Quartiers mit dem *Centro Storico* wird herausgearbeitet, welche Bedeutungsdimension dem *EUR* im Kontext des gesamten Films zukommt.

3.1 Das *EUR* als filmischer Schauplatz

Seymour Chatman ist zuzustimmen, wenn er Michelangelo Antonionis *La Notte* (1960) und *L'Eclisse* (1962) als „true architectural films"[286] bezeichnet:

> „For the first time, Antonioni virtually reverses priorities. For moments on end, it is the cityscape that is the true protagonist, and audiences used to empathizing or identifying with a human character must find their expectations strangely undermined."[287]

Wiederholt wird dabei der Vergleich mit der *Pittura Metafisica* Giorgio De Chiricos (1888-1978) gezogen, den der Regisseur allerdings nicht nannte, wenn er von den Künstlern sprach, die ihn interessiert und beeinflusst haben.[288] Einen vergleichbaren Effekt

---

284 Siehe Delli Colli 2008

285 Rifkin 1982, S. 23.

286 Chatman 1985, S. 102.

287 Ebd.

288 Vgl. Benci 2008, S. 69.

zwischen dem Maler und dem Filmemacher beschreibt Chatman folgendermaßen: „Like De Chirico, Antonioni uses vanishing-point perspective not to heighten realism (the intention of the Renaissance painters) but for its emotive values."[289] Bereits Antonionis filmische Vermittlung von Städten der frühen 1960er Jahre wird mit De Chiricos *Piazze d'Italia* verglichen. Dies erscheint dahingehend plausibel, insofern auch Antonioni seine Figuren dermaßen in architektonische und natürliche Umgebungen platzierte, dass dadurch eine seltsam anmutende, gar unheilverkündende Stimmung heraufbeschworen wird. In *L'Avventura* (1960) geschieht dies beispielsweise durch Claudias und Sandros kurzen Aufenthalt in der sizilianischen Geisterstadt bei Noto mit ihren verlassenen neoklassizistischen Bauten.[290]

Der an De Chiricos Gemälde erinnernde *Spirito Metafisico* und die Kulissenhaftigkeit des *EUR* war es denn auch, der den Filmregisseur Federico Fellini (1920-1993) derart zum Schwärmen brachte. Dieser drehte gleich drei Filme, die mitunter im *EUR* handeln: *La Dolce Vita* (1960), *Boccaccio 70* (1962) und *8 ½* (1963).[291] Doch

[289] Chatman 1985, S. 115.

[290] Vgl. Chatman 1989, S. 8, 14. Siehe dazu auch: Ausst.kat. 1985. Giorgio de Chirico, I temi della metafisica, Galleria Philippe Daverio, Mailand, hg. v. Maurizio Fagiolo dell'Arco, Mailand: Abbildungen und kurze Besprechungen v. *Piazza d'Italia*, ca. 1938 (S. 36f.) und *Piazza d'Italia*, ca.1955 (S. 40f.); Die Nachtszene, in der Vittoria sich plötzlich alleine vor einer ins Schwarz der Nacht fluchtenden Reihe von Fahnenstangen wiederfindet und kurz darauf bei einer Skulptur, die sie betrachtet, lässt sich laut Benci als eine Nachtversion einer *Piazza d'Italia* De Chiricos bezeichnen. Benci 2008, S. 69, 72; siehe auch Bauer 2009, S. 292 u. Delli Colli 2008.

[291] Einen Einblick dazu liefert die 2005 zur gleichnamigen Ausstellung erschienene DVD E42 – EUR, Segno e sogno del Novecento, die den vom *EUR* schwärmenden Fellini zeigt. Es handelt sich um Ausschnitte des 1972 produzierten Filminterviews mit Luciano Emmer (1918-2009), das Fellinis Liebeserklärung an das *EUR* und seinen *Spirito Metafisico* festhält. Vgl. dazu Bauer 2009, S. 293. Irritierend an Fellinis *EUR*-Schwärmerei ist, dass dieser den faschistischen Ursprung des Stadtteils und überhaupt dessen Geschichtlichkeit zu negieren scheint, wie aus folgendem Zitat aus dem Filminterview hervorgehen mag: „L'*EUR* mi piace anche perché ha l'aspetto da stabilimento cinematografico, da studio. Cioè spazi vuoti dove tu puoi mettere i tuoi giocattoli, i tuoi dadi, i tuoi cubi. Questa sensazione di disponibilità che ha il quartiere mi è congeniale. Mi trovo bene perché è senza storia. Il monumento più vecchio è il distributore di benzina del 1965. Il resto ti dà una sensazione di novità continua, in trasformazione. È un quartiere che c'è e non c'è." Vgl. E42 – EUR, Segno e sogno del Novecento 2005.

damit nicht genug: Laut Franz J. Bauer fungierte das Quartier bisher in über 100 italienischen und internationalen Filmprojekten, insbesondere als Schauplatz für die Inszenierung von Entfremdungserfahrungen moderner Subjekte.[292] Dies ging in erster Linie von der Überwindung der unmittelbaren Nachkriegsjahre aus, die geprägt waren vom wirtschaftlichen Boom und einem forcierten gesellschaftlichen Wandel. Diesbezüglich ist Bauers Hinweis besondere Beachtung zu schenken, insofern dass diese „starke cineastische Rezeption der piacentinischen[293] Kunststadt vor den Toren Roms" gerade nichts zu tun habe „mit dem allgemeineren Phänomen der gleichzeitigen Entdeckung der römischen Neubau-Peripherie durch viele sozialkritische Filmemacher" [294].

In den folgenden Unterkapiteln wird untersucht, wie das junge Quartier *EUR* in *L'Eclisse* inszeniert wird. Die neoklassizistischen Bauten des aus der faschistischen Planung stammenden monumentalen Zentrums sind in *L'Eclisse* eher unauffällig im Hintergrund auszumachen, werden doch vielmehr jüngst errichtete *EUR*-Bauten prominent ins Bild gerückt. Entgegen Bauer soll hier über die historische Kontextualisierung aufgezeigt werden, dass „der [...] Kunststadt" in *L'Eclisse* nicht eine rein „cineastische Rezeption"[295] zukommt, sondern dass Antonioni mit der *EUR*-Inszenierung latent Sozialkritik übte. Der Film *L'Eclisse* ist insofern auch als dokumentarische Momentaufnahme zu behandeln, als dass er mit dem von Antonioni gewählten Schauplatz des *EUR* einen Einblick in einen der zur Drehzeit wohl am stärksten und vielfältigsten sich weiterentwickelnden Stadtteile Roms gewährt. Die ihm in der Nachkriegszeit zugeschriebene Funktionen als Standort von privaten Unternehmungen, als exklusive Wohngegend sowie Ausflugsziel für Freizeitvergnügen werden im Film ebenfalls thematisiert.[296]

---

292 Vgl. Bauer 2009, S. 293. Siehe Delli Colli 2008.

293 Gemeint ist der Architekt und Städteplaner Marcello Piacentini (1881-1960), auf den in der Folge eingegangen wird.

294 Bauer 2009, S. 293.

295 Ebd.

296 Vgl. Bodenschatz 2011b, S. 195; Bauer 2009, S. 297.

3.2 Das *EUR* im historischen Kontext

Italien war die erste europäische Diktatur, die in der Zwischenkriegszeit eine systematische Architektur- und Städtebaupolitik einführte, wofür neue Institutionen gegründet und enorme Geldsummen investiert wurden. Benito Mussolini (1883-1945) benutzte das öffentliche Bauen als Motor für den sozialen Umbruch. So war die Bautätigkeit im Faschismus zentraler Bestandteil einer totalitären Gesellschaftsutopie, die vorsah, durch Architektur den „neuen faschistischen Menschen"[297] mitzuformen.[298] Die Architektur galt zusammen mit dem Film als die politisch bedeutsamste Kunst. Indem unter Mussolini die Architektur die „höchste unter allen Künsten"[299] war und die Architekten als eine Art Staatskünstler angesehen wurden, wollten viele ausdrücklich für das faschistische Regime bauen.[300] Laut Ulrich Pfammatter war „[d]ie Architektur […] das Medium, das die Ideologie der faschistischen Massenkultur räumlich definierte, materiell verfestigte und in überdauernde Erinnerung zwang."[301] Sich als präzisen Ausdruck faschistischer Baukunst darstellend, warben alle italienischen Architekturströmungen um die Gunst des *Duce*.[302] Neben Vertretern des monumentalen neoklassizistischen Stils, des *Razionalismo*[303], und des Neofuturismus bekundeten auch Architekten aus dem Ausland wie Le Corbusier (1887-1965) ihr Interesse. Zudem ist beachtenswert, dass sich kein italienischer Architekt ins Exil begab.[304]

---

297 Mattioli 2009, S. 15.

298 Vgl. ebd., S. 15, 35.

299 Ebd., S. 17.

300 Vgl. ebd.

301 Pfammatter 1990, S. 30.

302 Vgl. Pfammatter 2005, S. 29.

303 Die Architekten der *Architettura Razionale* formierten sich 1926 zum *Gruppo 7* (Luigi Figini (1903-1984), Guido Frette (1901-1984), Sebastiano Larco, Adalberto Libera (1903-1963), Gino Pollini (1903-1991), Carlo Entrico Rava (1901-1985), Giuseppe Terragni (1904-1943)) mit ihrem theoretischen Manifest, das sich aus vier Schriften zusammensetzt (*4 note*) und zwischen Dezember 1926 und Mai 1927 in der Zeitschrift *La Rassegna Italiana* veröffentlich wurde. 1928 ging die *Gruppo 7* in das *Movimento Italiano per l'Architettura Razionale (MIAR)* über, das 1932 aufgelöst wurde. Vgl. Mattioli 2009, S. 18f.; Pfammatter 1990, S. 10, 13, 40.

304 Vgl. Bodenschatz 2009, S. 33, 177; Mattioli 2009, S. 17, 35; Pfammatter 1990, S. 19; Noa Steimatsky zufolge blieben die meisten Künstler*innen im Land, da das Regime keinen einheitlichen Staatsstil einführte und damit keine Ausschlusspolitik betrieb, sondern die Künste für seine Sache nutzbar machte unter dem

3.2.1 Die faschistische Esposizione Universale di Roma

Am meisten Geld, Arbeit, Propaganda und Emotionen wurden in das Projekt *E42* im Südwesten Roms gesteckt, die *Esposizione del 1942* (Abb. 23).[305] Damit waren drei Hauptziele verbunden: Die *E42* sollte vorerst als eine Weltausstellung in der Tradition von Städten wie London, Paris und Chicago präsentiert werden.[306] Das Gelände der Schau war weiter als Ausgangspunkt für die Gründung einer neuen monumentalen Satellitenstadt vorgesehen, vergleichbar mit den *Città di Fondazione*, die im urbar gemachten *Agro Pontino*[307] und verstreut über das ganze Land bereits geschaffen worden waren.[308]

Auf halbem Wege zum Meer gelegen sollte zudem Mussolinis Traum von *Roma al Mare* erfüllt werden. Bereits 1925 hatte der *Duce* diesen Plan, Rom nach antikem Vorbild erneut ans Meer anzubinden, angekündigt.[309] Unter dem Titel *Olimpiade della Civiltà – ieri, oggi, domani* sollte schließlich eine universell ausgerichtete Veranstaltung ins Leben gerufen werden, die den italienischen Faschismus glorifizieren sollte. Vittorio Magnago Lampugnani erachtet es als offensichtlich, dass Italien den nationalsozialistischen Triumph in Deutschland beobachtete, wo zudem 1936 die Olympischen Spiele ausgetragen wurden. Daran anknüpfend sicherte sich Rom die Zusage als Austragungsort der Spiele von 1944, die allerdings aufgrund des Zweiten Weltkrieges erst 1960 stattfinden sollten.[310]

Deckmantel scheinbarer Toleranz: „[...] As no uniform style or mode was officially endorsed by the regime, variants of modernism, regionalism, neoclassicism, and other historical revisitations competed – most furiously in the field of architecture, where the stakes and public consequences were greater in the remolding of Italy as an imperial center." Steimatsky 2008b, S. 19.

305 Vgl. Lampugnani 2011, S. 491; Bauer 2009, S. 269.

306 Vgl. Lampugnani 2011, S. 491.

307 Siehe Daniela Spiegel, Der Bau neuer Städte in den pontinischen Sümpfen, in: Bodenschatz 2011, S. 218-285; Daniela Spiegel, Die neuen Städte in den Pontinischen Sümpfen. Zu Stein gewordene Architekturpolemik des Faschismus, in: Mattioli/Steinacher 2009, S. 111-136; Die ehemaligen Pontinischen Sümpfe befanden sich südöstlich von Rom.

308 Vgl. Bauer 2009, S. 268.

309 Vgl. Lampugnani 2011, S. 491.

310 Vgl. Bodenschatz 2011a, S. 35; Lampugnani 2011, S. 491.

Abb. 23 Offizielles Plakat der *E42* aus dem Jahr 1939

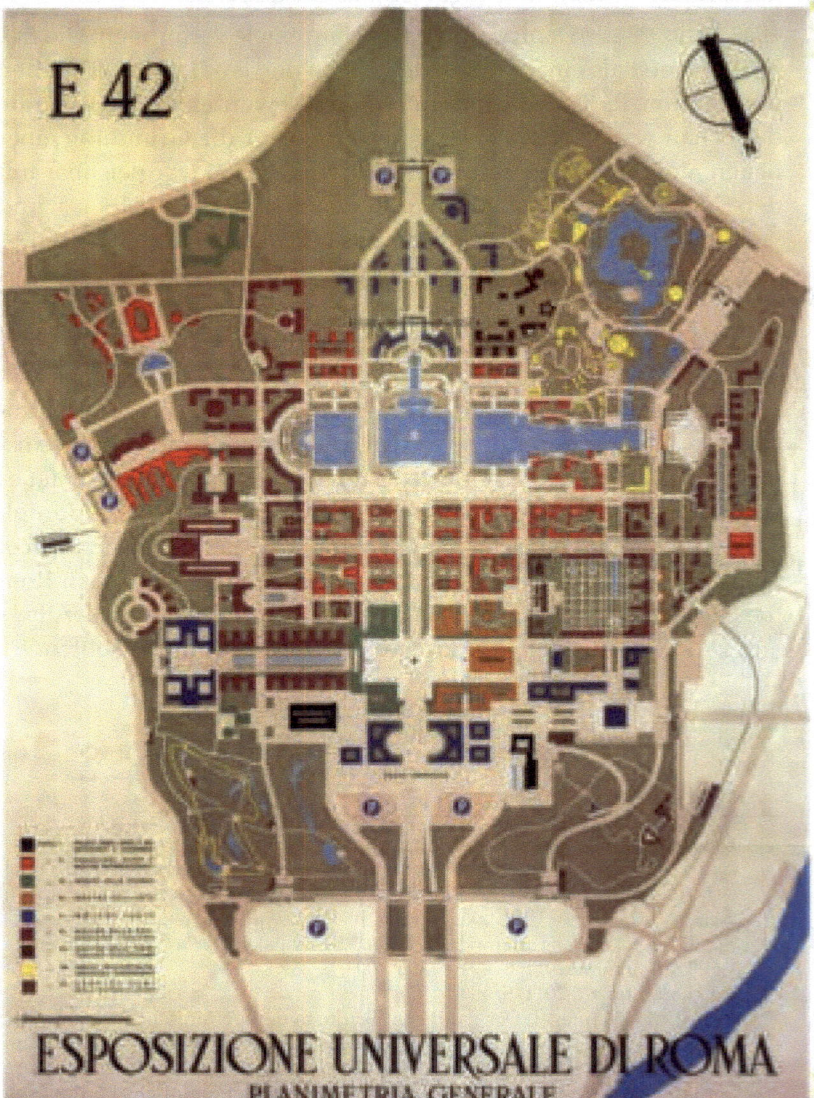

Italien reichte im Oktober 1935 - damit einen Monat nach dem Beginn der faschistischen Aggressionen im äthiopischen Kaiserreich - seine Bewerbung für die Weltausstellung des Jahres 1941 ein.[311] Am 5. Mai 1936, vier Tage nachdem Addis Abeba eingenommen worden war, rief Mussolini vom Balkon des *Palazzo Venezia* im Zentrum Roms das *Impero Fascista* aus, das er als „Reich des Friedens" und „Reich der Zivilisation" ankündigte.[312] Mussolini erhielt vom faschistischen Großrat die Ehrenbezeichnung des ‚Reichsgründers' (*Fondatore dell'Impero*) und König Vittorio Emanuele III durfte sich fortan ‚Kaiser von Äthiopien' nennen. Wenige Wochen vor dem Ende des Abessinienkriegs und noch vor Aufhebung der Sanktionen des Völkerbundes aufgrund dieses Aggressionskriegs erhielt Italien am 25. Juni 1936 vom *Bureau International des Expositions* einstimmig den Zuschlag für die Weltausstellung. Auf Wunsch Mussolinis wurde der Termin von 1941 auf das Jahr 1942 verschoben, um mit dem internationalen Großereignis das Jubiläum des zwanzigjährigen Bestehens der faschistischen Herrschaft zu begehen. Daher stand das suggestive Kürzel *E42* für *Esposizione del 1942*, während die bis heute bestehende Sigle *EUR* die Abkürzung der offiziellen Bezeichnung *Esposizione Universale di Roma* ist.[313]

Die eingeführte Behörde *Ente autonomo per L'Esposizione Universale*, kurz *Ente EUR*, enteignete alle Grundstücke des zukünftigen Ausstellungsgeländes und beauftragte am 5. Januar 1937 fünf von Mussolini persönlich ausgewählte Hauptplaner.[314] Vorbild hierfür war die positive Erfahrung mit der *Città Universitaria*[315] (1932-1935), bei der Architekten unterschiedlicher Ausrichtung bereits erfolgreich ein vergleichbares Großprojekt hervorgebracht hatten. Als *Academico d'Italia* und Regime-Architekt des Faschismus war Marcello Piacentini (1881-1960) unstrittig für die Mitwirkung

311 Vgl. Bauer 2009, S. 268.

312 Vgl. Ciucci 1989, S. 79.

313 Vgl. Lampugnani 2011, S. 491; Bauer 2009, S. 266, 268f.; Laut Lampugnani wurde die Abkürzung ‚E.U.R.' erst eingeführt, als während dem Zweiten Weltkrieg erwogen wurde, die *E42* zeitweilig in eine *Rassegna dell'Asse*, eine Schau der Achsenmächte zu verwandeln. Vgl. Lampugnani 2011, S. 499.

314 Vgl. Bodenschatz 2011b, S. 177; Bodenschatz 2011b, S. 139-144.

315 Siehe dazu Bodenschatz 2011b, S. 139-144; Lampugnani 2011, S. 486-488; Bauer 2009, S. 256-259; Lampugnani 2009, S. 87-90.

in der Planungsgruppe bestimmt. Den modernistischen Flügel des italienischen *Razionalismo* sollte Giuseppe Pagano (1896-1945) abdecken. Luigi Piccinato (1899-1983) wurde für die Sicherstellung der städtebaulichen Kompetenz ausgewählt, die er bereits in der Planstadt Sabaudia[316] demonstriert hatte. Die Fünfzahl komplettierend kamen Ettore Rossi[317] (1894-1968) und Luigi Vietti[318] (1903-1998) hinzu. Piacentini übernahm sofort inoffiziell die Leitung der heterogen zusammengesetzten Arbeitsgruppe, die sodann zahlreiche Entwürfe produzierte und dabei zunächst erstaunlich harmonisch kooperierte. Nach knapp dreimonatiger Arbeit wurde der Bebauungsplan dem *Duce* unterbreitet, der diesen im Großen und Ganzen guthieß. Gleich einer Grundsteinlegung pflanzte der *Duce* sodann am 28. April 1937 die ersten drei Pinien auf dem *E42*-Gelände, einem etwa 400 Hektar umfassenden Areal zwischen Tiber und der *Abbazia delle Tre Fontane*.[319] Am 17. Dezember 1937 wurde schließlich Piacentini als Vorsitzendem der Architekturabteilung die offizielle städtebauliche Leitung mit dem Auftrag zur Revision des Plans übertragen (*Sovrintendente ai servizi dell'architettura*).[320] Seine Überarbeitung und Modifizierung des Entwurfs des *Centro imperiale di una città fascista*, den er 1938 Mussolini vorlegte, wurde von anderen als fataler Sündenfall und „verlorene Gelegenheiten" beklagt: Dies bekundete Giuseppe Pagano[321] im Artikel *Occasioni*

316 Siehe Spiegel 2009, S. 118f.

317 Als Zuständiger für die Planung der Dienstleistungsbereiche (Gastronomie, Unterbringung usw.) entwarf Rossi den neoklassizistischen *Palazzo del Ristorante Ufficiale*. Vgl. Bodenschatz 2011b, S. 181; Innamorati 2004, S. 22f.

318 Vietti kam die Planung des Vergnügungsparks zu, vgl. Bodenschatz 2009, S. 181.

319 Vgl. Bodenschatz 2011b, S. 177; Lampugnani 2011, S. 492; Ciucci 1989, S. 84.

320 Vgl. Bodenschatz 2011b, S. 181f.

321 Giuseppe Pagano trat 1942 aus der Partei *Partito Nazionale Fascista* aus, ging zur *Resistenza* über, wurde gefangen genommen und kam ein paar Tage vor der Befreiung Italiens im Konzentrationslager Mauthausen um. Vgl. Lampugnani 2011, S. 499.

perdute, der 1941 in der von ihm herausgegebenen Zeitschrift *Casabella* publiziert wurde.[322] Die Gutheißung von Piacentinis „klassischem", aber höchst modernem"[323] Ausstellungsgelände, das sich an einer antik-römischen Gestaltung orientierte, versucht Harald Bodenschatz wie folgt zu erklären: Die Hinwendung zum Neoklassizismus und die damit einhergehende Abwendung vom *Razionalismo* mögen sich nach der Vorliebe Vittorio Cinis (1885-1977), dem Generalkommissar der *Ente EUR*, gerichtet haben. Es ist zudem sehr wahrscheinlich, dass die neoklassizistische Ausrichtung mit Mussolinis geänderter Haltung zu tun hatte. Diese steht vermutlich in Zusammenhang mit seinen Reisen im Jahre 1937, auf denen er die römischen Ruinen in Libyen besichtigt und einen Eindruck der Neugestaltung Berlins gewonnen hatte.[324]

Die Gründung einer neuen Satellitenstadt verfolgend waren temporäre Ausstellungspavillons für die Gastländer geplant, die zwischen den zahlreichen permanenten Bauten eingefügt werden sollten. Für die ausländischen Pavillons wurden keine Vorgaben vorgesehen.[325] Den Kern des neuen Stadtteils sollten schließlich die italienischen Bauten bilden, wofür es einen eigenen Stil zu definieren galt. Dementsprechend schrieb Vittorio Cini Mitte 1937 im offiziellen Bericht der *Ente EUR* unter dem Abschnitt *Stil*:

> „Stile: L'Esposizione di Roma tenderà a creare lo stile definitivo della nostra epoca: quello dell'anno XX dell'Era Fascista: lo stile ' E 42 '. Ubbidirà a criteri

---

322 Vgl. Bauer 2009, S. 273; Ciucci 1989, S. 84. *Casabella* wurde 1928 in Mailand gegründet als Zeitschrift für Architektur und deren verwandte Künste. Ab 1933 wurde die Zeitschrift zu einem etablierten polemischen Vehikel der Italienischen Rationalistischen Architekten unter der Herausgeberschaft von Giuseppe Pagano und Edoardo Persico. Vgl. Encyclopedia of Contemporary Italian Culture, 2000, S. 94; Ein Wiederabdruck des Artikels *Occasioni perdute* von Giuseppe Pagano inklusive englischer Übersetzung findet sich in Adachiara Zevis 2008 herausgegebener Publikation *Una guida all'architettura moderna dell'EUR*. Darin wird neben der Präsentation von Bauprojekten ab den 1950er Jahren auf die ursprüngliche Planung von *E42* zurückgeblickt und ergänzend werden verworfene Rationalistische Projekte vorgestellt unter dem Motto „EUR: se Terragni avesse vinto". Giuseppe Terragni (1904-1943) ist in diesem Kontext stellvertretend für die Rationalistische Schule zu sehen. So war und ist seine *Casa del Fascio* (1932-1936) in Como ein Leitbau der italienischen Moderne und Terragni dementsprechend die Leitfigur der *Architettura Razionale*. Vgl. Pfammatter 1990, S. 10.

323 Bauer 2009, S. 274.

324 Vgl. Bodenschatz 2011b, S. 182; Bauer 2009, S. 174.

325 Vgl. Ciucci 1989, S. 81, 83.

> di grandiosità e monumentalità. [...] Il senso di Roma, che è sinonimo di eterno e di universale, prevarrà – è da augurarsi – nell'ispirazione e nella esecuzione delle costruzioni destinate a durare, in modo che fra cinquanta o cento anni il loro stile non sia invecchiato o, peggio, invilito."[326]

Die monumentalen Repräsentationsbauten sollten die *Via Imperiale* als verkehrstechnische und städtebauliche Hauptachse der *E42* säumen. Die drei Hauptquerachsen sollten ebenfalls durch imposante Bauten markiert werden.[327] Gleichzeitig war die Straßenführung der *Via Imperiale* symbolisch aufgeladen als Verbindung zwischen dem antiken Rom, das im Sinne der *Romanità fascista*[328] umgebaut wurde, der *E42*, die für die *Modernità* stand, und dem Meer als *Mare Nostrum*.[329] Ausgehend von der *Via dell'Impero*, die die *Piazza Venezia* über das *Forum Romanum* mit dem Kolosseum verband, führte die *Via Imperiale* vorbei am *Arco di Costantino*, dem *Circo Massimo*, den *Terme di Caracalla* und durch die *Porta Ardeatina* in den *Mura Aureliane*. Weiter im Südwesten bildete die *Via Imperiale* nach der *Porta Imperiale* als Eingangstor der *E42* quasi das Rückgrat des Ausstellungsgeländes und endete schließlich an der Küste in Ostia. Die Straße war für den Autoverkehr geplant und sollte gleich einer filmischen Zeitreise vom Zentrum des antiken Roms zu seinem zweiten, modernen, weißen Zentrum führen.[330]

Fünf nationale Wettbewerbe und direkte Aufträge entschieden, welche Gebäude errichtet werden sollten.[331] Über hundert aus-

---

326 Das gesamte *Programma di massima*, vorgelegt von Vittorio Cini als Generalkommissar für die *E42*, ist im Anhang als Faksimile abgedruckt in: Ausst.kat. 1997. E42, Utopia E Scenario del Regime, Bd. 1, S. 153-165, hier: S. 154; Vgl. Ciucci 1989, S. 83; Bauer 2009, S. 270.

327 Vgl. Bodenschatz 2011b, S. 182.

328 Siehe dazu Wolfgang Schieder, 2009. Der Umbau Roms zur Metropole des Faschismus, in: Mattioli/Steinacher 2009, S. 65-86.

329 Vgl. Bauer 2009, S. 272.

330 Vgl. Bodenschatz 2011b, S. 155-157; Bauer 2009, S. 272; Ghirardo 1992, S. 73. Heute umfasst die ehemalige *Via Imperiale* die folgenden Straßennamen: Die *Via dei Fori Imperiali* verbindet die *Piazza Venezia* mit dem *Colosseo*, welches mit der *Via Celio Vibenna* umrundet wird, die in die *Via di San Gregorio* übergeht. Beim *Circo Massimo* führt eine Linkskurve in die *Via delle Terme di Caracalla*, die ab der *Porta Ardeatina* – das Ein- bzw. Ausgangstor an den *Mura Aureliane* – zur *Via Cristoforo Colombo* wird, die dann auch das Quartier *EUR* durchquert und auf ihrem letzten Abschnitt schnurgerade auf das Meer bei Ostia zuführt.

331 Vgl. Bodenschatz 2009, S. 183; Lampugnani 1994, S. 166.

schließlich italienische Architekten sollten sich in der Folge insgesamt an der Projektierung und am Bau der *E42* beteiligen.[332] Meist mussten die Wettbewerbsprojekte so umgestaltet werden, dass sie sich dem vordefinierten monumentalen, neoklassizistischen Stil einfügten. Mit Piacentini erhielt der Plan für das Gelände *E42* einen theatralen und dekorativen Charakter, etwa durch die *Via Imperiale* als langer Boulevard oder den *Lago Artificiale* als gigantisches, geometrisches Bassin. Den anfänglich vorgesehenen Glasbauten des *Razionalismo*, die eine gewisse Leichtigkeit verströmt hätten, wurde eine neoklassizistische Massivität aus Stein vorgezogen.[333]

Nach Italiens Eintritt in den Zweiten Weltkrieg am 10. Juni 1940 wurde die Ausstellung auf unbestimmte Zeit vertagt, was auch zur Umbenennung von *Esposizione 42* beziehungsweise *E42* zu *Esposizione Universale di Roma* (*EUR*) führte. Trotz offizieller Verschiebung wurden zu Beginn des Krieges die Bauarbeiten auf dieser größten Baustelle Italiens sogar noch forciert, um Anfang 1943 wegen den andauernden Kriegswirren eingestellt zu werden. Nur wenige Gebäude waren bis dahin fertiggestellt. 38 der insgesamt 40 Bauprojekte wurden in ganz unterschiedlichen Stadien des Werdens sowie Tonnen von kostbarem Material zurückgelassen. Ab Herbst 1943 wurde das Gelände von deutschen Truppen und ab Juni des folgenden Jahres von den Alliierten belagert. Nach dem Krieg fanden italienische Evakuierte, Kriegsflüchtlinge und Obdachlose in den halbfertigen Palästen Unterschlupf.[334]

3.2.2 Die Entwicklungen nach dem Zweiten Weltkrieg

Nach dem zweiten Weltkrieg wurden die Bauarbeiten im *EUR* fortgesetzt. Als führende politische Partei übernahm die *Democrazia Cristiana (DC)* etliche Projekte mitsamt den Architekten der Mussolini-Ära. Die Tatsache, dass diese Architekten, die den Krieg überlebten, nach 1945 fortwirken konnten, wird von Pfammatter überzeugend als eine der problematischen Kontinuitäten der italienischen Nachkriegszeit deklariert. Diese Architekten wirkten nicht

---

332 Vgl. Lampugnani 2009, S. 106.

333 Vgl. Lampugnani 2011, S. 495f.; Bodenschatz 2009, S. 183; Lampugnani 1994, S. 167.

334 Vgl. Bodenschatz 2011b, S. 194; Lampugnani 2011, S. 498; Bauer 2009, S. 283-286.

nur im Rahmen der Ausführung dieser Bauprojekte prägend auf die Architektursprache Italiens ein, sondern auch in ihrer Funktion als Professoren in Architekturakademien.[335]

Eine Anekdote überliefert, dass die Entscheidung, das *EUR* zu restaurieren und zu erweitern, einem Zufall zu verdanken ist: Ministerpräsident Alcide De Gasperi (1881-1954) soll mit seinem Unterstaatssekretär Giulio Andreotti (1919-2013) das *EUR*-Viertel im Auto passiert haben.[336] Auf die Empörung De Gasperis, der beobachtete, wie man Marmorblöcke auf Lastwagen lud, erwiderte der Chauffeur, dass das Gelände schon jahrelang als Steinbruch und Abhollager für Baumaterialien diene. Daraufhin soll De Gasperi Andreotti angewiesen haben, den Raubbau an Staatseigentum zu stoppen und für den gesamten Komplex eine sinnvolle Verwendung zu finden.[337] Was die tatsächlichen Gründe für das Vorhaben waren, müsste in gesonderten Untersuchungen dargelegt werden.[338] Im Anschluss an Bauer zählt hier in erster Linie das weitere

---

335 Pfammatter argumentiert, dass Aldo Rossi (1931-1997) die treibende Kraft gewesen sei, welche die Haltung zum „Monumentalismo", „römischen Bezug" und Mythos des mediterranen und nationalen Stils als italienische Variante des „Postmodernismo" weiterleben ließ. Ausschlaggebend sei sein Amt als Organisator der 15. Triennale di Milano im Jahr 1973 gewesen und dessen „grosse[r] und breit angelegte[r] Versuch, die *Architettura Razionale*, die Avantgarde Mussolinis, zu restaurieren, aus dem historischen Zusammenhang herauszulösen und als Struktur, Material und Technik dem kommenden postmodernen Architekturgeschehen verfügbar zu machen." Rossi, der beispielsweise mit seinem Friedhof in Modena (1971) selbst Adalberto Liberas Entwurf für die Neustadt Aprilia von 1936 zitiert habe, stehe für die Nachhaltigkeit des italienischen *Razionalismo*, begründet durch die *Gruppo 7*. Letztere sah sich ganz in ihrer Zeit verortet, die in den 1920er Jahren unter problematischen geschichtlichen Vorzeichen stand. So ließ die *Gruppo 7* in ihrem Manifest von 1926 verlauten: „Wir wollen einzig und allein exakt unserer Zeit angehören, und unsere Kunst will die sein, die die Zeit erfordert. Ihr ganz und gar angehört zu haben, mit allen ihren guten und schlechten Seiten, das wird unser Stolz sein." Unter diesem Blickwinkel erscheint Pfammater Rossis Haltung als problematische „Strategie der ‚Ent-Geschichtlichung'", die „die beliebige Verwendung des aus dem Kontext herausgegriffenen architektonischen Vokabulars" erlaubt. Pfammatter 2005, S. 31.

336 Beide gehörten der neuen stärksten politischen Kraft Italiens an, der *Democrazia Christiana* (DC), deren Sitz auf dem *EUR*-Gelände errichtet wurde. Vgl. Die DVD E42 - EUR, Segno e sogno del Novecento, 2005.

337 Vgl. Bauer 2009, S. 288.

338 Bauer verweist auf Di Majo/Isolera 1986, Kap. VI. 1 u. 2, vgl. Bauer 2009, S. 288, 325.

Vorgehen: Virgilio Testa, der bereits unter Mussolini als Stadtplaner tätig war, wurde im Januar 1951 zum neuen Sonderkommissar des *EUR* ernannt. Um sein Ziel eines „quartiere moderno in una Roma moderna"[339] zu verwirklichen, berief Testa Marcello Piacentini zum leitenden Architekten, wodurch auch der ehemalige Chefarchitekt des *Duce* rehabilitiert wurde.[340] Auch die 1944 abgesetzte Verwaltungsbehörde *Ente EUR* wurde wieder eingeführt.[341] Unter Testa und Piacentini erfolgte die Vollendung des *Quartiere EUR* nach den Plänen und Entwürfen der Vorkriegszeit, dennoch war das Endprodukt nicht identisch mit dem Projekt *E42*: Nicht begonnene Projekte wurden nicht gebaut. Sich im Rohbau befindliche oder im Krieg beschädigte Gebäude wurden nur teilweise fertiggestellt oder wieder abgerissen.[342]

Mit dem 1955 erteilten Zuschlag für die Olympischen Sommerspiele des Jahres 1960 sollte das *EUR* zusätzliche städtebauliche Markierungen erhalten. Der *Palazzo dello Sport* nach Plänen von Pier Luigi Nervi (1891-1979) und Marcello Piacentini wurde genau an der Stelle errichtet, wo ursprünglich ein Werk des letzteren unrealisiert blieb: Der *Palazzo dell'Acqua e della Luce* als „Altar der Neuen Ordnung" sollte die Flucht der *Via Imperiale* am Südausgang des Ausstellungsgeländes bestimmen.[343] Lampugnani stellt zurecht fest, dass der ansonsten unscheinbare Rundbau aus Stahlbeton und Glas des *Palazzo dello Sport* angesichts dieses Kontextes zu einem Emblem einer fragwürdigen Kontinuität der italienischen Architektur zwischen den 1920er und 1960er Jahren wurde.[344] Der Übergang von der geplanten *Olimpiade della Civiltà* zu den Olympischen Spielen kann dahingehend gewertet werden, dass dadurch der Ursprung und die damit einhergehende Bedeutungsdimension dieses Stadtraums verschleiert wurde.[345] Dass dieses Ziel offenbar erreicht

---

339 Bauer 2009, S. 289.

340 Vgl. Bodenschatz 2011b, S. 194f.; Bauer 2009, S. 288f.

341 Vgl. Bauer 2009, S. 288. Im Jahr 2000 ist die *Ente EUR* in die *EUR SpA* übergegangen. Siehe dazu Innamorati 2004, Klappentext u. S. 5.

342 Vgl. Bauer 2009, S. 291.

343 Vgl. Bodenschatz 2009, S. 195; Lampugnani 2011, S. 498f.

344 Vgl. Lampugnani 2011, S. 499; Lampugnani 2009, S. 108f.; Lampugnani 1994, S. 171.

345 Vgl. Benci 2011, S. 50.

wurde, beweist beispielsweise die nach dem Großereignis herausgegebene Publikation *Olympia 1960, XVII. Olympische Sommerspiele in Rom* von Heinz Maegerlein. Das erste Kapitel zögert nicht mit Komplimenten, wartet es doch bereits in seiner Betitelung mit einem Superlativ auf: *Die schönsten Spiele der Neuzeit*[346]. In der Folge wird dies zwar auch damit begründet, dass die Spiele an einmaligen Schauplätzen der Antike ausgetragen wurden, doch „[z]u ihnen gesellten sich die herrlichsten modernen Sportanlagen, sehr kühne, aber architektonisch gelungene Schöpfungen (...)."[347] Dies führt soweit, dass der Beginn des zweiten Abschnitts des Buches – mit einer zeitgemäßen Prise Pathos, versteht sich – folgendermassen lautet: „Vor solcher Kulisse versank alles, was wir vorher bei Olympischen Spielen gesehen hatten. Die olympische Bühne allein schenkte Bilder von oft bezaubernder, nie zuvor gesehener Schönheit."[348] Auf der gegenüberliegenden Bildseite, auf der neben den Sportanlagen des *Foro Mussolini*[349] im Nordwesten Roms auch der *Palazzo dello Sport* abgebildet ist, steht in der Legende: „Rom besaß die schönsten Sportanlagen, auf denen je olympische Kämpfe entschieden wurden!"[350]

Seit den Olympischen Spielen entwickelte sich das *EUR* zu einem angesehenen Quartier mit Verwaltungsbauten und Kulturinstitutionen sowie Wohnungsüberbauungen im Hochpreissegment.[351] Bauer stellt fest, dass die zahlreichen funktionalistischen Bauten des ‚neutralen' *International Style* den Eindruck erwecken, „als gelte es, damit Geist und Ungeist des Faschismus auszutreiben."[352] Die Besetzung der szenischen Leerräume der *E42* mit Verwaltungs- und Bürogebäuden von Ministerien, Parteien, Unternehmen und Organisationen ließ neben dem *EUR* Piacentinis ein zwei-

---

346 Maegerlin 1960, S. 7.

347 Ebd.

348 Ebd.

349 Siehe dazu Bodenschatz 2011b, S. 97-101, 136-139. Heute heißt der Sportstättenkomplex *Foro Italico*.

350 Maegerlin 1960, S. 6.

351 Vgl. Bodenschatz 2011b, S. 195.

352 Bauer 2009, S. 297.

tes *EUR* entstehen – „gleichsam einen Versuchs- und Demonstrationspark für alle möglichen Architekturvarianten"[353]. Das *EUR* von heute präsentiert sich demnach als Synkretismus moderner Architektur von den 1930ern bis ins neue Jahrtausend.[354]

Das *EUR*-Projekt wurde in der Nachkriegszeit höchst unterschiedlich bewertet.[355] Im Kontext des in Italien seit den 1970ern andauernden Interpretationswandels bezüglich der architektonischen und städtebaulichen Hervorbringungen aus der Zeit des Faschismus wird es als besonders positives Beispiel angesehen.[356] Diese positiv konnotierte Neubewertung ist jedoch kritisch zu betrachten, geht diese doch mit einem Nichtberücksichtigen und Ausblenden des historischen Hintergrundes und der Produktionsverhältnisse sowie einer zumindest unterschwelligen Rehabilitierung des diktatorischen Systems einher.[357] Die Loslösung der Produkte von ihren Produktionsprozessen, die letztlich nicht einmal mehr zur Kenntnis genommen werden, bezeichnet Pfammatter als „Strategie der Ent-Geschichtlichung" beziehungsweise als „Liquidation des geschichtlichen Denkens".[358] Auch international erfolgt die Bewertung unterschiedlich, hier nur zwei Stimmen: David Brass sieht im *EUR*-Viertel eine „banal and terrifying unreality"[359], für Franz J.

---

353 Ebd. Bauer sieht in diesen Architekturvarianten jenen „sprachlosen Pluralismus der Nachkriegszeit" den Werner Dürth zuvor auf die (bundes)deutsche Nachkriegsarchitektur bezogen hat. Dies lässt sich laut Bauer aber ohne Abstriche auch auf das republikanische Italien ummünzen, vgl. Bauer 2009, S. 297 u. 326, zitiert aus Werner Durth, Die geplante Moderne, in: Ausst.kat. 1987.„Die Axt hat geblüht...", Europäische Konflikte der 30er Jahre in Erinnerung an die frühe Avantgarde, hg. v. Jürgen Harten, Städtische Kunsthalle Düsseldorf, 11.10.-06.12.1987, Düsseldorf, S. 358-367, hier S. 367.

354 Vgl. Bauer 2009, S. 297.

355 Vgl. Bodenschatz 2011b, S. 195.

356 Vgl. Aram Mattioli in seiner Einführung vom 17.10.2008 zu seiner und Gerald Steinachers Tagung *Für den Faschismus bauen* an der Universität Luzern (17.-18.10.2008).

357 Vgl. Bodenschatz 2011c, S. 421; Mattioli/Steinacher 2009, S. 9. Letzteres wurde unlängst intensiviert vorangetrieben durch die Regierung Berlusconi. Vgl. Bodenschatz 2011c, S. 422.

358 Pfammatter 2005, S. 31; Mit der Auseinandersetzung der italienischen Rezeptionskultur und der Forderung nach einer internationalen Perspektive schlagen Bodenschatz, Spiegel und Team in *Städtebau für Mussolini* sodann eine vorerst separate Analyse von Produkten und Produktionsverhältnissen vor, was erst in einem zweiten Schritt zusammengeschaut und daraufhin international diskutiert werden sollte. Vgl. Bodenschatz 2011c, S. 418-437, hier: S. 422.

359 Brass 1997, S. 92.

Bauer „bleibt [es] eine der faszinierendsten Schaustätten der Architekturgeschichte des 20. Jahrhunderts, und nirgendwo ist das mythenferne Rom unserer Tage moderner und mondäner als hier."[360]

3.3 Die Inszenierung des *EUR* in *L'Eclisse*

Die Handlung in *L'Eclisse* spielt sich in der damaligen Gegenwart, in den wirtschaftlichen Boomjahren der italienischen Nachkriegszeit ab. In diesem Kapitel soll aufgezeigt werden, dass nicht bloss visuelle Qualitäten die Wahl der Drehorte bestimmt haben, sondern dass damit eine Positionierung zur Geschichte inhärent ist, weniger zur weit vergangenen als vielmehr zur jüngsten.[361]

Der Film beginnt, wie bereits ausgeführt wurde, mit Vittorias und Riccardos Trennungsszene im *EUR*, namentlich in der modernen Wohnung Riccardos. Obwohl die filmische Raumkonstruktion - wie im 2. Kapitel untersucht - und die Überstelltheit mit Mobiliar, Kunst und Büchern die Raumaufteilung verunklären, ist dennoch der orthogonale Grundriss auszumachen. Dies zeigt sich dann auch bei der Außenansicht des Hauses mit Backsteinfassade und großzügigen Fenstern (Abb. 24).

Abb. 24 Riccardos Haus an der *Via dell'Antartide*

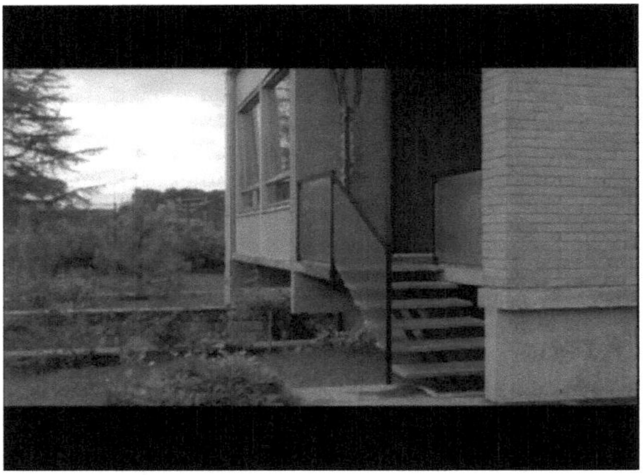

360 Bauer 2009, S. 298.
361 Vgl. Benci 2011, S. 50.

Die erste Außenansicht des *EUR* wird über Vittorias Fensterausblick vermittelt. Nachdem sie den ersten Vorhang geöffnet hat, positioniert sie sich vor die Ansicht der Zuschauer*innen (Abb. 12). Sie schaut nach links und rechts, um ihren Blick dann auf den Wasserturm des *EUR* zu fixieren. Auch noch über 50 Jahre nach der Filmveröffentlichung erscheint dieser Bau als unheimlich anmutendes Konstrukt. Vittoria muss den Anblick durch das Frequentieren von Riccardos Wohnung und die Tatsache, dass sie selber im besagten Quartier lebt, gewohnt sein. Trotzdem vermag die Blickkonstellation, nämlich ihr Abwenden von Riccardos fremd gewordenem Blick auf die befremdliche Gebäudeansicht die Gefühlslage der jungen Frau und die bedrückende Atmosphäre der Trennungssituation zu unterstreichen. Kurz später geht Vittoria auf ihrem Nachhauseweg, der über die *Via dell'Antartide* führt, zügig am Wasserturm vorbei (Abb. 25).

Abb. 25 Vittorias Heimweg vorbei am Wasserturm *Fungo*

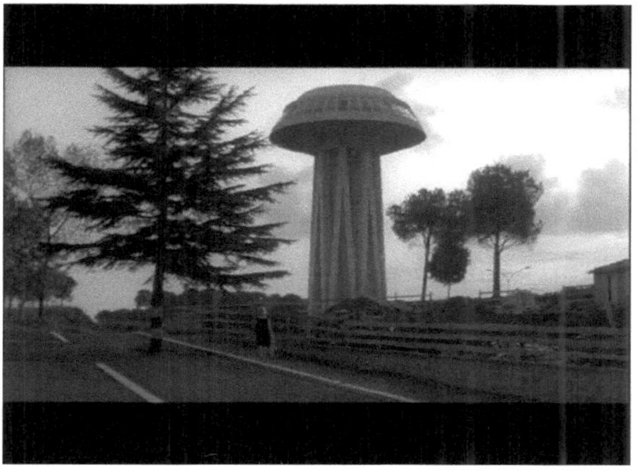

Das Panoramaformat macht erst deutlich, wie hoch diese futuristisch wirkende Konstruktion ist, die neben den Bäumen und Bauschutt davor wie aus dem Boden gestampft wirkt. Die Tanne mitten auf der offensichtlich frisch gezogenen Straße muss ihrer Markierung am Stamm zufolge bald dem zukünftigen Autoverkehr weichen. Nochmals, doch angeschnitten im Hintergrund, erscheint der imposante Stamm des Wasserturms als Riccardo Vittoria mit dem

Auto einholt. In dieser Szene wird deutlich, dass das *EUR* noch immer baulich erschlossen wird, präsentiert sich doch die Stahlbetonkonstruktion in krassem Kontrast zu den Pinienstämmen und der wilden Wiese. Laut Benci haben zudem zahlreiche Kritiker*innen den Wasserturm des *EUR* - wegen seiner pilzförmigen Gestalt schon bald bekannt als *Il Fungo* - als Anspielung auf den Atompilz gedeutet.[362] Diese Leseweise wird bestärkt durch die Bezüge zum aktuellen Weltgeschehen und den internationalen politischen Spannungen, die 1961 während dem Dreh von *L'Eclisse* herrschten: Im August 1961 wurde die Berliner Mauer gebaut,[363] die Sowjetunion testete Wasserstoffbomben und die USA erhöhte ihren Waffenbestand für Defensive und Offensive. Erst im Epilog, quasi spiegelbildlich zum Prolog, erscheint im Hintergrund aufs Neue der *Fungo* (Abb. 26), von dem abermals etwas Bedrohliches ausgeht.

Abb. 26 Der *Fungo* im Epilog

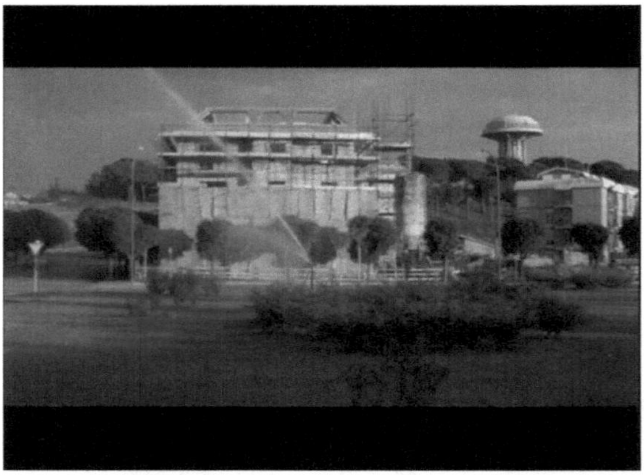

Kurz darauf wird die Atompilz-Assoziation quasi bestätigt durch die Schlagzeile der Zeitung *L'Espresso*, die ein Herr bei sich trägt: *La gara atomica* ist die Frontschlagzeile und *La pace è debole* erscheint im

---

362 Vgl. Benci 2008, S. 69; Chatman 2004, S. 86f.; Chatman 1985, S. 112; Rifkin 1982, S. 37.

363 Auf eine zeitgeschichtliche Aktualität weist erstmals eine Zeitungsschlagzeile hin: Vittoria tritt in der Börse Einlass bittend an die Schranke, wobei neben ihr ein Herr aufmerksam die Zeitung *Il Tempo* liest mit dem folgenden Leitartikel: *Dimostrazioni nelle due Berlino contro il blocco attuato dai communisti.*

geöffneten Blatt (Abb. 50-51).[364] Entgegen seiner filmischen Vereinnahmung als stumme Bedrohung steht der realwirkliche Wasserturm (1957-1959) - eine 51,9 Meter hohe Stahlbetonkonstruktion von Lorenzo Monardo (geb. 1929) - eigentlich für die Belebung des Quartiers, diente er diesem doch als Vorrat für die Bewässerung und das Feuerlöschsystem.[365] Zudem lässt sich vom Restaurant im 14. Stock das gesamte Quartier überblicken.

Ein Teil des *Palazzo dello Sport* (1956-60) - heute *PalaLottomatica*[366] - tritt im Prolog erstmals gerahmt ins Bild, als Vittoria das Gartentor vor Riccardos Haus passiert. Ihr Fortgang sollte gegenüber Riccardo markieren, dass sie ihn endgültig und wortwörtlich verlassen hat. Nachdem die Totale einfängt, wie die als winzige Rückenfigur zu erkennende Vittoria den *Fungo* passiert, ist sie in der nächsten Einstellung in der Amerikanischen zu sehen (Abb. 28).[367] Indem die Kamera ihrem Gang folgt, wird nach und nach die Sicht auf den gläsernen Rundbau freigegeben.

---

364 Vgl. Benci 2008 S. 69.

365 Vgl. Capanna 2008, S. 50; Roberto Colosimo, 1961. Il serbatoio sopraelevato dell'E.U.R., in: Industra Italian del del Cemento, 9, S. 471-480.; Rifkin weist auf die Phallus-Assoziation hin, nähert sich Riccardo vor dem Fenster doch Vittoria nochmals körperlich und mit den Worten „È l'ultima volta." („Es ist das letzte Mal." Übers. J.M.) an. Sie weist ihn allerdings ab, vgl. Rifkin 1982, S. 37.

366 Nach Renovationen wurde der Bau erst 2003 für Großveranstaltungen wie Konzerte und Kongresse wiedereröffnet. Siehe dazu http://www.palalottomatica.it/it/chisiamo/ (27.12.2018).

367 Der realwirkliche Gang durchs EUR von Riccardos Haus an der *Via dell'Antartide* zur Wohnung Vittorias an der *Via dell'Umanesimo* 307 macht deutlich, dass Antonionis Montage nicht diesen Ver=Lauf widergibt.

Abb. 27-29 Der *Palazzo dello Sport*

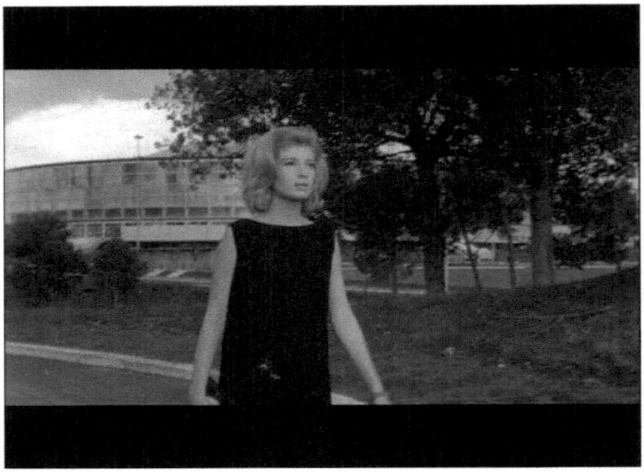

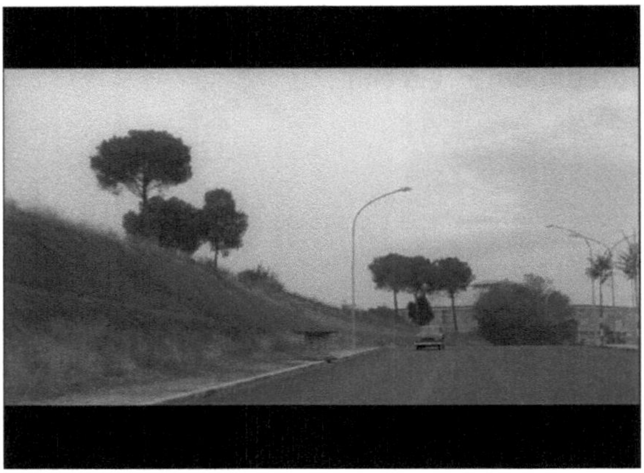

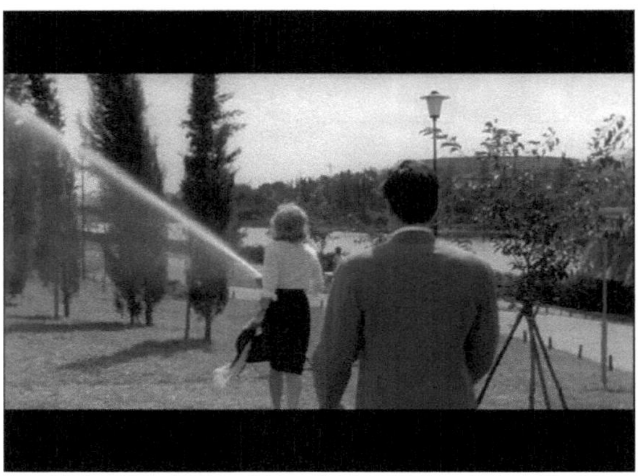

Kurz darauf hinterfängt der Glaspalast den in seinem *Fiat* anfahrenden Riccardo, der Vittoria abfängt als wären sie noch immer ein Paar (Abb. 28). Später ist der futuristisch anmutende, sich über dem *Lago Artificiale* erhebende Bau nochmals im Hintergrund auszumachen, als sich Vittoria neuerdings mit Piero im Park vergnügt (Abb. 29). Der *Palazzo dello Sport* als Stahlbeton-Glas-Konstruktion geht realiter auf die Zusammenarbeit von Marcello Piacentini und dem Ingenieur Pier Luigi Nervi zurück. Das Gebäude erhebt sich genau an dem Ort, der im Rahmen der *E42* für Piacentinis *Palazzo della Luce e dell'Acqua* als „Altar der Neuen Ordnung" den Fluchtpunkt der *Via Imperiale* gebildet hätte.[368] Im Film geht vom alternativen Bauprojekt Piacentinis auf der erhöhten Stelle des *EUR* etwas Tempelhaftes, Unnahbares, gar Mysteriöses aus. Damit ist eine Verbindung zur Börse und dem magischen Anziehungspunkt des Börsenrings geknüpft. Das Börsengebäude erscheint im Film als öffentlich betretbarer „Tempel der Neuen Ordnung", namentlich jene des Kapitalismus. Am Börsenring verhandeln dann jedoch nur die Eingeweihten mittels - scheinbar - unübersichtlichem Geschrei und Gedränge sowie Fingerzeichen (Abb. 30). Wie die Kurse steigen und fallen bleibt letztlich ein Geheimnis.

Abb. 30 Der Börsenring im ehemaligen Hadrian-Tempel

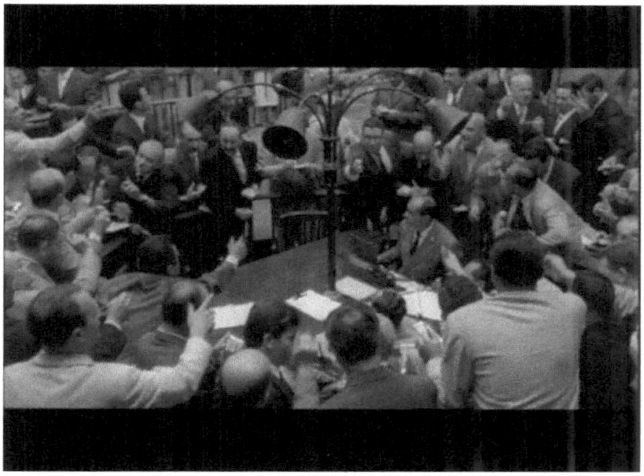

---

368 Vgl. Benci 2011, S. 49; Lampugnani 2011, S. 499; Capanna 2008, S. 34.

Der Rundbau des *Palazzo dello Sport* ist in jenen Szenen im Bild präsent, die Wendepunkte der Beziehungen Vittorias zu Männern darstellen. Der *Palazzo* zeigt sich nach der endgültigen Trennung von Riccardo und in jener Szene, wo Vittoria und Piero sich näherkommen, also dem Beginn einer neuen Beziehung.

Auf die *E42* deutet im Prolog der im Hintergrund von verschiedenen Bäumen halb verdeckte *Palazzo della Civiltà del Lavoro* (1938-1943) hin, ursprünglich *Palazzo della Civiltà Italiana*.[369]

Abb. 31 Links der *Palazzo della Civiltà del Lavoro*

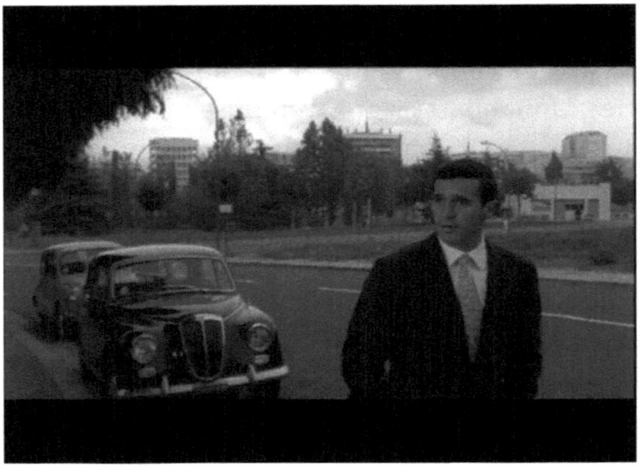

Als Vittoria mit Riccardo vor ihrem Wohnhaus an der *Viale dell'Umanesimo 307* ankommt,[370] ist in einer Einstellung der *Palazzo* kurzzeitig im linken Hintergrund zu sehen (Abb. 31). Dass zwei geparkte Autos im Vordergrund und ein Baum - unterstützt durch zwei rahmende Laternenpfähle - die Sicht auf ihn lenken und die Position Riccardos gleichzeitig das bildkompositorische Gleichgewicht herstellt, kann nur bedingt behauptet werden. Stattdessen lassen zwei weitere etwa gleich hohe Gebäude und verschiedene Bäume den Hintergrund ausgewogen erscheinen und heben den *Palazzo della Civiltà del Lavoro* eben gerade nicht als das Emblem des

369 Vgl. Bauer 2009, S. 278.

370 Vgl. Benci 2008, S. 70. Das Wohnhaus, wie jenes von Marta mit der Nummer 315 (86.31), stammt von Hilda Selem und Michele Valori und wurde zwischen 1955 und 1959 erbaut. Gelobt als interessantes Beispiel für den modernen Wohnungsbau wurde es 1961 in den Zeitschriften *Casabella* und *Costruire* besprochen. Vgl. Benci 2008, S. 73 u. 83.

EUR hervor, als welches er noch heute wahrgenommen wird. Vielmehr fügt sich der *Palazzo* in dieser Einstellung in die sich entwickelnde Stadtstruktur ein. Aus dieser Perspektive vermag der städtebaulich exponierte *Palazzo* – von Rom herkommend markiert er den westlichen Abschluss der ersten die *Via Imperiale* kreuzenden Hauptquerachse – kaum von dessen Ursprung aus dem Faschismus als Teil der fortlaufenden Geschichte des Quartiers zeugen. Das berühmteste Gebäude des *EUR* geht zurück auf Giovanni Guerrini (1887-1972), Ernesto La Padula (1902-1968) und Mario Romano (1898-1987), die ihren Entwurf adaptieren mussten, um der geforderten architektonischen Formensprache der *E42* gerecht zu werden.[371] Dies führte abermals zu einer signifikanten Intervention und einer markanten Umdeutung der ursprünglichen Gestalt des Gebäudes: Den sechs Stockwerken mit je neun gleich geformten Rundbögen, 216 insgesamt, musste ein blindes Stockwerk mit einer auf allen vier Seiten angebrachten Inschrift, die auf ein Zitat Mussolinis zurückgeht, hinzugefügt werden.[372] Sie sollte den Italiener*innen in Erinnerung rufen, dass sie „Un Popolo di Poeti di Artisti di Eroi di Santi di Pensatori di Scienziati di Navigatori di Trasmigratori"[373] seien. Offensichtlich ist die formale Referenz an das Kolosseum; als das römische Architekturemblem schlechthin erscheint es im Film gerade nicht. Dementsprechend wurde bereits im Wettbewerbsentwurf die bis heute noch gängige Bezeichnung *Colosseo Quadrato* eingeführt. Mit den Arkaden und der Loggia ist

---

371 Bereits Adalberto Libera musste seinen Entwurf für den *Palazzo dei Ricevimenti e Congressi* – heute *Palazzo dei Congressi* – anpassen, indem er Säulen hinzuzufügen hatte. Gemäß Ciucci gilt Terragnis Vorwurf an Libera, dass er in geschickter Weise Neoklassizismus und Tradition zusammenbrachte als Anzeichen für die allgemeine Stimmung von damals. Dies wird bestärkt durch die Rückbesinnung Ludovico Quaronis, einer der Entwerfer des Gewinnerprojekts für die *Piazza Imperiale*: „The determining point was that we finally understood, from the way things were going, that either one made something that pleased Mussolini, or one did not win. And since at that time we wished to win, we chose that path, given that Mussolini would have exclaimed in private: ‚When will these youngsters understand that modern architecture cannot be the architecture of the Empire?'" Ciucci 1989, S. 85f., zitiert nach: Giorgio Ciucci u. Ludovico Quaroni 1989. Giorgio Ciucci intervista Ludovico Quarnoni, in: Casabella, 49, S. 32-34 [keine genaueren Seitenangaben in Ciuccis Fußnotentext vorhanden].

372 Bauer 2009, S. 279-280.

373 Ebd., S. 324 („Ein Volk von Poeten Künstlern Heroen Heiligen Denkern Wissenschaftlern Seefahrern Auswanderern", Übers. J.M.).

das Gebäude in einer eindrücklichen Direktheit auf diejenigen architektonischen Elemente reduziert, die als die Wesentlichen der römischen Baukultur gelten. Die Stahlbeton-Konstruktionsweise und der aufgeblendete Travertin - der römische Baustein schlechthin - sind ferner emblematisch für den ganzen *E42*-Komplex.[374]

Die moderne Bauweise im Rahmen der Erweiterung des *EUR* wird im Film direkt thematisiert: Davon zeugt das bare Stahlgerüst um die Stahlbetonkerne des sich gerade im Bau befindlichen *ENI*-Hauptsitzes[375] (Abb. 32) von Leo Finzi (1924-2002) und Edoardo Nova.

Abb. 32 Links der werdende *ENI*-Hauptsitz

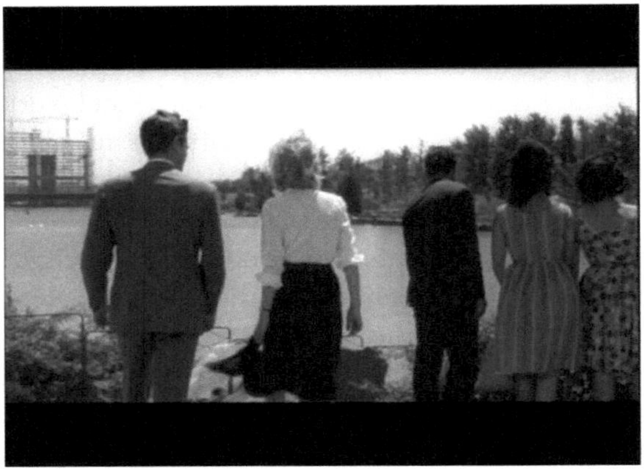

Diese Ansicht steht im Kontext jener Szene, in der der tödlich verunfallte Betrunkene mit dem Auto, das er in der Nacht zuvor Piero entwendet hat, aus dem *Lago Artificiale* geborgen wird. Ein Lastkran

---

374 Bodenschatz 2011b, S.184f.; Lampugnani 2011, S. 497; Bauer 2009, S. 278-280; Innamorati 2004, S. 18-21.

375 Beim Firmenname *ENI* handelt es sich um das Akronym der 1953 gegründeten *Ente Nazionale Idrocarburi*, ein Erdöl- und Energiekonzern, der aus der Firma *Agip* hervorgegangen ist. Siehe dazu http://enistoria.eni.com/it/inizia-il-viaggio (16.02.2018). Gemäß der Encyclopedia of Contemporary Italian Culture ist die Geschichte der *ENI* als staatliche Firma emblematisch für die Art, wie die *Democrazia Cristiana* (*DC*) staatliche Macht nutzte. Vorerst war die *ENI* komplett unter der Kontrolle dessen Gründers Enrico Mattei, der in der Folge die *DC* und andere Parteien gekonnt manipulierte, damit diese dazu verhalfen, die Macht und den Einfluss der Firma zu vergrößern. Siehe Encyclopedia of Contemporary Italian Culture, 2000, S. 198; siehe auch Spina 2014.

im Vordergrund verhilft den Wagen mit der darin sich befindlichen Leiche zu bergen, während die Baukrane im Hintergrund dazu verhelfen, eine weitere *Landmark* hervorzubringen. Der im *International Style* gestaltete Bau mit seiner Stahlbeton-Grundkonstruktion und der *Curtain Wall*-Fassade sollte veranschaulichen, dass Italien wirtschaftlich an vorderster Front mithält, und darüber hinaus das Image des *EUR*-Projekts konsolidieren.[376]

Frühe Pläne der *E42* geben den *Lago Artificiale* (1955-1960) als unregelmäßige Form wieder, die die strenge Axialsymmetrie gegen das südliche Ende des Geländes hin aufbricht. Im Jahre 1938 jedoch entschied sich Piacentini für ein geometrisch ausgelegtes Becken und verwirklichte damit seine Absicht, dem künstlichen See „un aspetto più in armonia con lo spirito delle grandi ville classiche italiene“[377] zu geben. Diese Pläne für die natürliche Bodensenkung im Areal wurden im Rahmen der Vorbereitungen für die Olympischen Sommerspiele wiederaufgenommen. Raffaele De Vico (1881-1969), der bereits für zahlreiche öffentliche Gartenanlagen in Rom verantwortlich war, wurde für die gesamte Landschaftsgartengestaltung des *EUR*-Viertels eingesetzt. Auch er konnte über die Projektierung während dem Faschismus hinaus seine Tätigkeit für die Realisierung seiner Gartenplanungen ab den 1950ern wiederaufnehmen. Das gut einen Kilometer lange Seebecken, dessen Breite zwischen 60 und 130 Metern variiert, wurde rechtzeitig zu den Olympischen Spielen fertiggestellt. Laut Francesco Innamorati wurde dem olympischen Gelände damit ein neues und überraschendes, dekoratives Element geschenkt.[378] Mit dem 1962 fertiggestellten *ENI*-Bau am einen Ende des Beckens und dem lotrecht zum See und zudem erhöht platzierten *Palazzo dello Sport*, von dem aus über Kaskaden Wasser in den stillen See fließt, wird der szenographische Gesamteindruck dieser Zone noch verstärkt.[379]

Als der zertrümmerte *Alfa Romeo* mit dem Unfallopfer aus dem See gehoben wird, erscheint mit im Bildfeld die *Basilica dei*

---

376 Vgl. Capanna 2008, S. 30 („ein Erscheinungsbild, das stärker in Harmonie steht mit dem Geist der großen klassischen Villen Italiens." Übers. J.M.).

377 Ebd., S. 32.

378 Vgl. Innamorati 2004, S. 88.

379 Vgl. Bodenschatz 2011b, S. 188; Capanna 2008, S. 32; Innamorati 2004, S. 84 u. 88.

Santi Pietro e Paolo (1938-1943) (Abb. 33). Diese ostentativ wirkende Verweisstruktur eröffnet einen Interpretationsraum, der aber nie als direkt moralisierend ausgelegt werden kann.[380] Er erscheint als ein erneuter Hinweis auf den Zerfall von Werten in der italienischen Gesellschaft, ist der Verstorbene doch zum reinen Vergnügen von Schaulustigen geworden.

Abb. 33-34 **Die *Basilica dei Santi Pietro e Paolo***

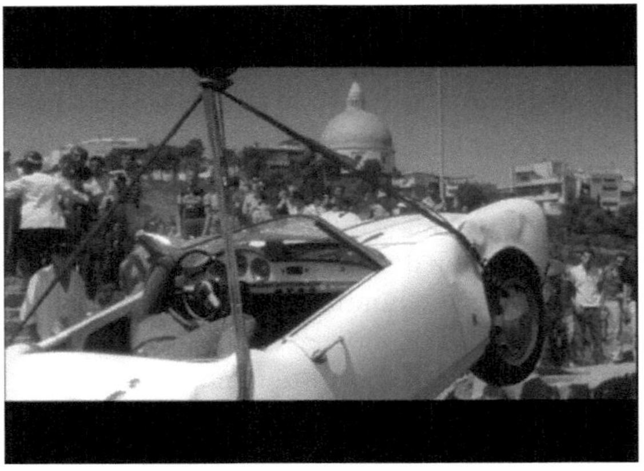

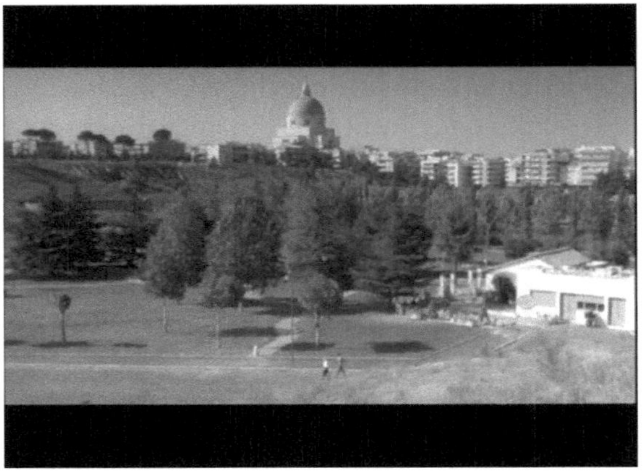

[380] Aus der Antonioni-Literatur, primärer wie sekundärer, geht zudem nicht hervor, dass der Regisseur die christliche Religion praktizierte.

Die thematische und bildräumliche Verbindung vom Umgang mit dem Tod und Kirchengebäuden ruft zwei weitere Szenen in Erinnerung: Erstens jene im Börsentempel als ehemaliges antikes Gotteshaus, wo einem verstorbenen Börsenmakler eine traditionelle Schweigeminute gewidmet wird. Das in Realzeit gehaltene einminütige Schweigen wird für die Filmzuschauer*innen unterbrochen durch den kurzen Wortwechsel zwischen Vittoria und Piero. Letzterer zeigt demonstrativ auf, wie Piero und dessen Börsen-Mitstreiter gewickelt sind:

> „PIERO Un minuto di silenzio come per i giocatori di calcio.
> VITTORIA Lo conoscevi?
> PIERO Certo. Ma sai... un minuto qua costa miliardi.
> VITTORIA Ah."[381]

Nach dem Abhalten der Schweigeminute widmen sich die Anwesenden bezeichnenderweise wieder mit gleichem Elan ihren Geschäften. Zweitens besteht eine Verbindung zwischen der Unfallszene im *EUR* und jener in der Wohnung von Vittorias Mutter, in der das Foto des verstorbenen Vaters in Gegenwart von *San Pietro* betrachtet wird. Die *Basilica dei Santi Pietro e Paolo* im *EUR* wurde notabene als modernisiertes Spiegelbild der *Basilica di San Pietro in Vaticano* geplant.[382] Für Vittoria ist ihr Vater ein Fremder, kann sie sich doch gar nicht mehr an ihn erinnern und fragt sich gar, weshalb ihre Mutter noch Fotos von ihm aufstellt. Vielmehr getroffen wird Vittoria von der direkten Erfahrung, der unmittelbaren Präsenz des Todes durch den geborgenen Betrunkenen, dem sie in der Nacht zuvor kurz begegnet war. Sodann geht einzig sie in der Menschentraube als schockierte Anwesende hervor, die sich von der Unfallstelle entfernen muss, da sie offenbar mit der Situation überfordert ist. Vittoria und Piero gehen vorbei an Giovanni Micheluccis (1891-1990) unfertigem Amphitheater als direkte Referenz auf die Antike und gelangen in einen Park.[383]

---

381 Antonioni 1964, S. 373 („PIERO: Eine Schweigeminute ist wie für die Fußballspieler. VITTORIA: Hast Du ihn gekannt? PIERO: Klar. Aber weißt du… eine Minute hier kostet Milliarden. VITTORIA: Ah." Übers. J.M.).

382 Vgl. Benci 2008, S. 73.

383 Vgl. Benci 2011, S. 49.

Abb. 35 Das unfertige Amphitheater

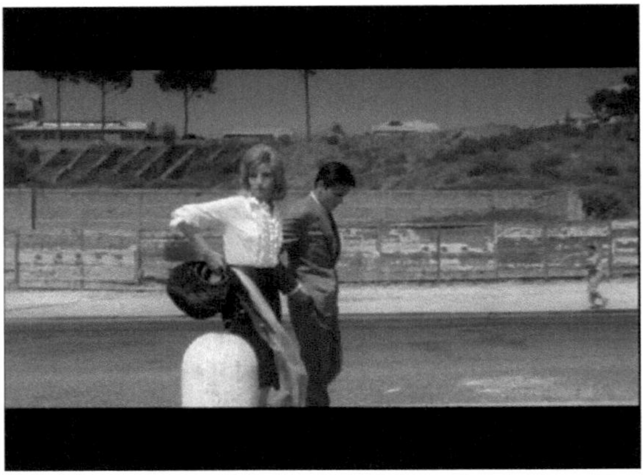

Piero spricht lediglich über die Karosserie und den Motor seines Wagens, den er kurzerhand zu ersetzen gedenkt, sowie die verlorene Zeit an der Börse. Die Einsicht, dass dieser des Mitleids unfähig ist, lässt Vittoria die Tragik vergessen, indem sie sich dem Genuss der Zweisamkeit zuwendet. Das fröhliche Spritzen mit dem Wassersprenger geht über zur musikalischen Verlockung, die von einer Bar ausgeht, bei der man sich lauschiger Jazzmusik aus einer Jukebox[384] hingibt. Vittoria und Piero verlassen den Ort und wandeln über eine offenbar erst kürzlich angelegte Straße, die gesäumt

384 Wie bereits mit Bordwell aufgezeigt (S. 18), leistet auch gemäß Khouloki der Ton einen erheblichen Beitrag für die Aktivierung des *Off*-Raums. Dieser „kann die Anwesenheit von Objekten außerhalb des Bildraums unmittelbar artikulieren." Khouloki 2012, S. 163. Die Musik impliziert zudem durch ihre Linearität und Rhythmik ein zeitliches Moment. Allgemein hegte Antonioni eine kritische Einstellung gegenüber der Verwendung von Musik im Film (vgl. Chatman 1985, S. 133) und legte besonderen Wert auf die Tonspur: „La colonna sonora ha un'importanza enorme e cerco sempre di dedicarle molta cura. Per colonna sonora intendo i suoni naturali, i rumori, piuttosto che la musica. [...] È raro che la musica si fonda con le immagini, di solito serve solo ad addormentare lo spettatore, a impedirgli di apprezzare con chiarezza quel che vede. Tutto sommato, sono piuttosto contrario al ‚commento musicale' [...]." Antonioni [1960] 2001, S. 123 („Die Tonspur ist enorm wichtig und ich versuche immer, mich dieser sehr behutsam zu widmen. Unter Tonspur verstehe ich die natürlichen Klänge, die Geräusche, eher als die Musik. [...]. Es ist selten, dass sich die Musik mit den Bildern vermischt, normalerweise dient sie nur, den Zuschauer einzuschläfern, ihn davon abzuhalten, das aufmerksam zu betrachten, was er sieht. Alles in allem bin ich eher gegen den ‚musikalischen Kommentar' [...]." Übers. J.M.]

ist von natürlich überwachsenen Hügeln, was davon zeugt, dass diese noch brachliegenden Grundstücke ebenfalls für die Einbettung in die städtische Struktur vorgesehen sind. Das Panorama, das am unteren Bildrand die fröhlich vergnügten Hauptfiguren zeigt, wird geprägt von der über der Szenerie thronenden *Basilica dei Santi Pietro e Paolo* (Abb. 34). Hervorgegangen aus dem *E42*-Projekt schließt sie die dritte und längste Querachse des Ausstellungsgeländes im Westen ab (heute *Viale Europa*) und war von Beginn der *E42*-Planung an als Pfarrkirche für das neue Viertel vorgesehen. Ihre Kuppel ist nach der des Petersdoms die zweitgrößte in Rom.[385]

Auf ihrem Spaziergang kommen Vittoria und Piero am *Velodromo Olimpico*[386] (1955-1960) der Architekten Cesare Lingini, Dagoberto Ortensi (1902-1975) und Silvano Ricci vorbei (Abb. 36).[387] Bereits im Prolog konnte das heute nicht mehr existierende Gebäude ausgemacht werden als Vittoria und Riccardo beim *Fungo* wieder aufeinandertrafen. In unmittelbarer Nähe des *Velodromo* empfängt Vittoria erstmals von Piero einen Kuss, der jedoch durch das Abwenden ihres Kopfes ein flüchtiger bleibt. Diese erste körperliche Annäherung spielt sich an der rudimentären Holz-Umzäunung eines sich im Bau befindlichen Wohnblocks ab. Dieser Ort gegenüber vom *Velodromo* an der Kreuzung *Via del Ciclismo/ Viale della Tecnica* wird zum Treffpunkt der beiden (Abb. 37).[388]

---

385 Vgl. Bodenschatz 2011b, S. 188. Bauer 2009, S. 282f.

386 Siehe. Capanna 2008, S. 52. Das marode *Velodromo* wurden im Juli 2008 abgebrochen.

387 Vgl. Capanna 2008, S. 52.

388 Vgl. Benci 2008, S. 74f.

Abb. 36-37 Das *Velodromo* und der Treffpunkt

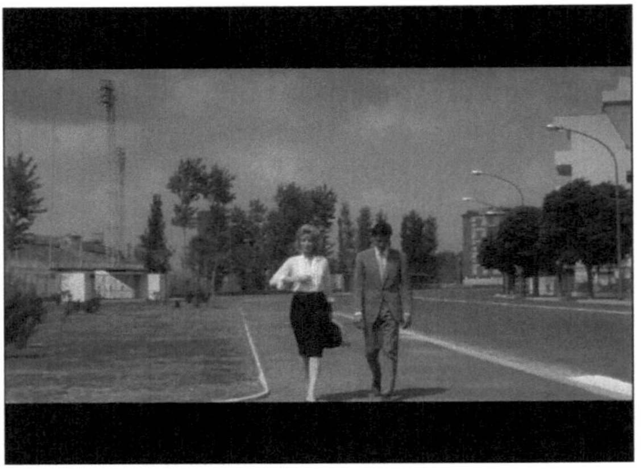

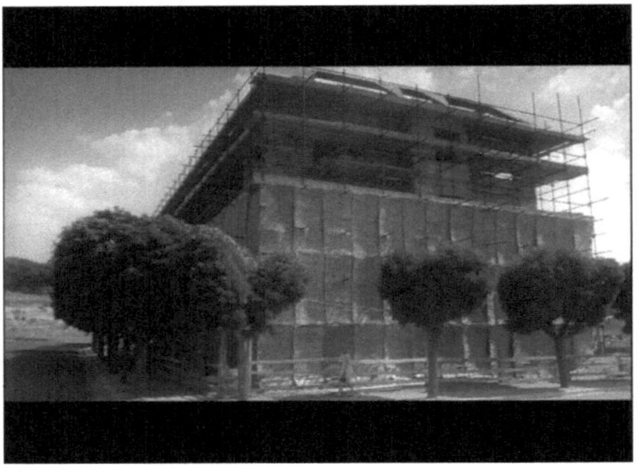

Als sie sich erstmals am vereinbarten Ort treffen, erreicht Vittoria diesen zuerst. Indem sie sich langsam fortbewegt und umschaut, wirkt sie wie eine Sehfigur, die die Umgebung in sich aufnimmt. Indessen wird das, was sie anblickt nur knapp über das Filmbild vermittelt, zudem ist ihr Kopf teilweise lediglich gerade noch am unteren Bildrand auszumachen (Abb. 38).

Abb. 38-39 Vittoria und Piero treffen sich im *EUR*.

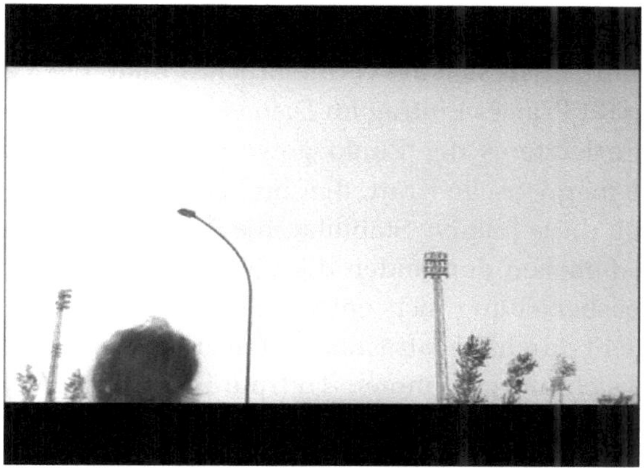

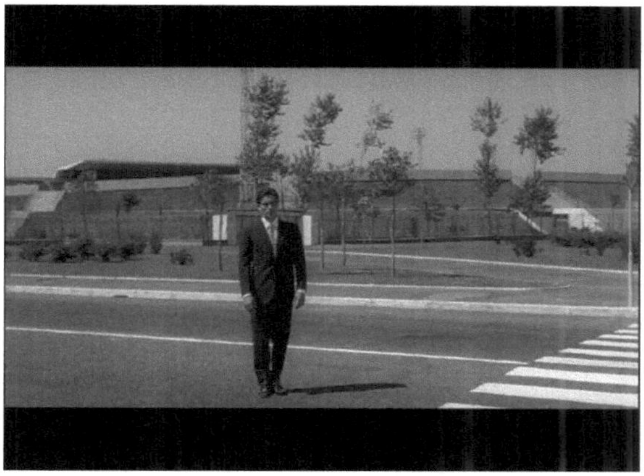

Kurz darauf erreicht Piero den Treffpunkt (Abb. 39). Das *Velodromo* mit seinen Scheinwerfermasten, die in ihrer Aufgerichtetheit selber wie alles überblickende Beobachter wirken, wird durch die unmittelbare Nähe zum Treffpunkt im Film mehrfach vor die Kamera gerückt. Dennoch bleibt die Gebäudeansicht von der Kreuzung aus fragmentarisch - teilweise zeugen bloss die Scheinwerfermasten davon - und erst gegen Schluss des Films wird endlich die Tribüne und damit ein Teil der inneren Ausdehnung des Gebäudes sichtbar.

3.3.1 Der Epilog von *L'Eclisse*

Die Verabschiedung und Verabredung zwischen Vittoria und Piero in dessen Büro stellt sich als vermeintliches Ende des Filmwerkes heraus. Gerald Princes Eintrag im *Dictionary of Narratology* entsprechend, wäre letzteres der Punkt gewesen, wohin die Erzählung steuert, die magnetische Kraft, die die Erwartung der Rezipienten erfüllt. Doch diese relative Stabilität, die durch das regelmäßig geplante Wiedersehen der beiden die von den Zuschauer*innen erhoffte Liebesbeziehung sich entwickeln lässt, wird jäh beendet. Dies geschieht durch die tatsächlich letzte, rund siebenminütige Sequenz, die sich am gewohnten Treffpunkt im abendlichen *EUR*-Quartier abspielt.[389]

Abb. 40 Der Treffpunkt aus der Vogelperspektive

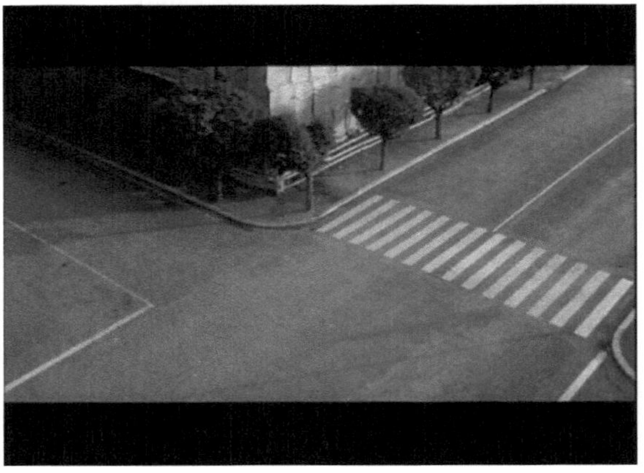

Aus verschiedenen Blickwinkeln, erstmals auch aus der Vogelperspektive (Abb. 40), kehrt die Kamera mehrmals an den Ort der Verabredung zurück, um abermals darzulegen, dass die beiden Protagonist*innen ausbleiben. Passant*innen und die nahe Umgebung mit den modernen Wohnhäusern und breiten Straßen, der Begrünung und dem Busverkehr werden von der Kamera fragmentarisch wiedergegeben. Mit der Absenz der Hauptfiguren verflüchtigt sich

389 Vgl. Prince 1988, S. 26.

die Erzählung aus dem Film.[390] Dies wird verstärkt durch identische Einstellungen aus den vorangegangenen Handlungen, die an die diese Personen erinnern. Rückenfiguren, die als Vittoria oder Piero erkannt werden wollen beziehungsweise könnten, entpuppen sich kurz darauf als beliebige, anonyme Passant*innen. Die Präsenz der Dinge triumphiert schließlich über den Zwang, Geschichten zu erzählen;[391] mit Thomas Christens Worten: „*L'eclisse* formuliert mit seinem Ende eine eindrucksvolle Alternative zum konventionellen Erzählkino."[392] Wie bereits in *Cronaca di un Amore* (1950) und *Le Amiche* (1955) taucht das Motiv der nicht eingehaltenen Verabredung auf. In *L'Eclisse* wird dies in eine abstrakte Form transformiert, indem sich die Dinge von ihrem mit der Erzählung verknüpften Bedeutungszusammenhang ablösen. Das von jeglicher Narration entleerte Gezeigte lässt schließlich das Anzünden der Straßenbeleuchtung zum Ereignis werden (Abb. 41-45).[393]

Abb. 41-45 Das angsteinflößende Ende von *L'Eclisse*

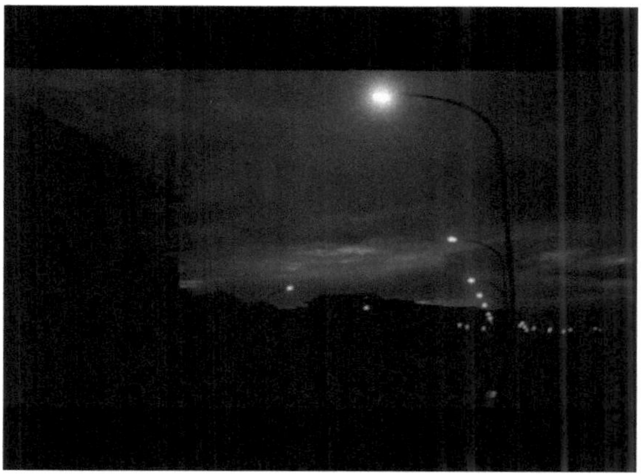

---

390 Vgl. Weiss 2007, S. 52.
391 Vgl. Christen 2002, S. 144, 147f.
392 Ebd., S. 148.
393 Vgl. ebd., S. 147f.

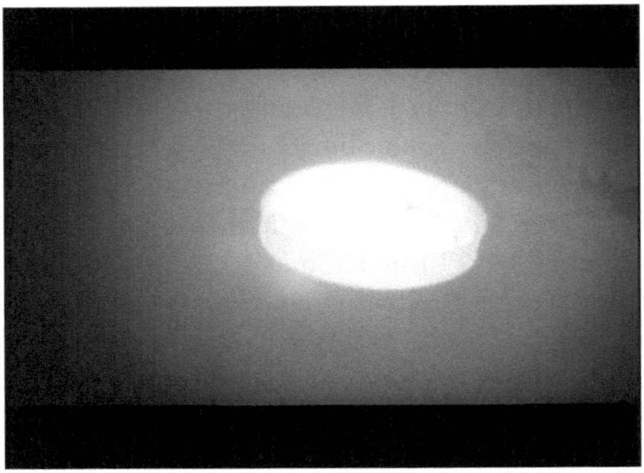

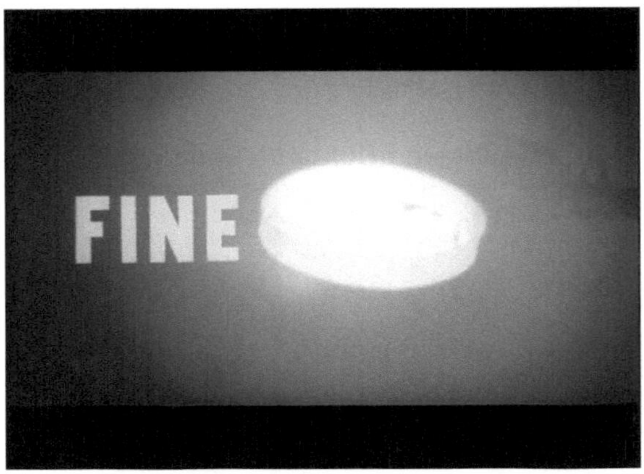
FINE

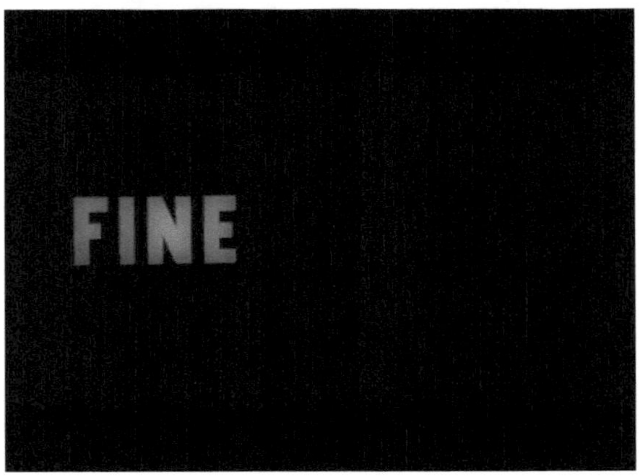
FINE

Die Kamera nimmt das Laternenexemplar neben dem Treffpunkt (Abb. 41) als *Close up* in den Fokus (Abb. 42). Von links her erscheint aus dem Hintergrund das Wort „FINE“ (Abb. 43), das sich neben das Leuchten der Lampe stellt, welches ebenso verschwindet (Abb. 44) wie daraufhin die Schrift. Das Schwarz der Leinwand wird vom musikalischen Schlusston erfüllt (Abb. 45). Die zuvor noch das Bild begleitenden dramatischen Klavierklänge forcierten - wie im Vorspann - die Einsicht, dass eine Rückkehr zur narrativen Ausgangssituation stattgefunden hat.[394] Das Ausbleiben der sich vermeintlich liebenden Hauptfiguren offenbart sich sodann als Repetition des Prologs mit der Trennung Vittorias von Riccardo.

Solch eine Rückkehr zum Anfang greift eine wirksame Endfigur der klassischen Narration auf. Sie betont im Film das Transitorische. Dieses ist zudem so inszeniert, dass Anfang und Ende des Films jeweils zu Tageszeiten stattfinden, die einen Übergang bestimmen: Morgengrauen und Abenddämmerung. Die tageszeitliche Wiederholung und Zirkularität betonen einmal mehr, dass im Film nichts nachhaltig Besonderes stattgefunden hat, sondern lediglich Episoden in einem Zwischenstadium gezeigt wurden.[395]

Erzähltechnisch kann gemäß Richard Neuperts Kategorisierung[396] von Filmenden *L'Eclisse* mit der „unresolved story“ und

---

394 Vgl. Christen 2002, S. 120.

395 Vgl. ebd., S. 119f.

396 Vgl. Neupert 1995, S. 32f.:
1. resolved story + closed narrative discourse = closed text

dem „open narrative discourse“[397] der vierten und extremsten Kategorie, den „open text films“[398] zugeordnet werden.[399] Charakteristisch für diese filmische Erzählstrategie ist laut Neupert, dass „the narration itself is called into question both during and at the end of the film.“[400] Dieses Nicht-enden-wollen des Films knüpft an jenes der modernen Literatur an, womit Neupert Armine Kotin Mortimer zitiert: „Modern texts have invented new forms to avoid or bypass the necessity of closure. ... [Such] texts do not want to end.“[401]

Die finalen Aufnahmen, die zunehmend von den Protagonist*innen und damit von der ursprünglichen Erzählung wegweisen, bezeichnet Chatman als *„distablishing shots“* [402]. Dies knüpft an den filmsprachlichen Begriff des *Establishing Shots* an, der für eine übersichtliche Einstellung steht, die die Zuschauer*innen an einen Schauplatz, an dem sogleich etwas geschehen wird, heranführt. Der *Distablishing Shot* mit seiner Wegführung, der Abstrahierung des Gezeigten vom *Plot,* transformiert das Gezeigte in eine Form der Konkretisierung als ein Zeigen der Dinge an sich. So führt uns Antonioni abermals mit dokumentarischer Akkuratesse an den Treffpunkt heran, der in den letzten sieben Minuten buchstäblich ‚erörtert‘ wird. Was bleibt, ist die Absenz der Hauptfiguren, die den Kern und den Fortlauf der Filmerzählung bestimmt hatten.[403] Vergessen werden die beiden allerdings deshalb nicht, weil im Film offensichtlich mit der Verwechslung gespielt wird. Einmal ist es ein blonder weiblicher Hinterkopf und dann die Rückenansicht eines Mannes im Anzug. Verstärkt wird die Illusion durch Motorengeheul, das die Zuschauer*innen auf das Wiedersehen einstellt. Kurz darauf stellt sich jedoch heraus, dass es sich weder um Vittoria noch um Piero handelt. Chatman betont, dass die Schauplätze dadurch

---

2. unresolved story + closed narrative discourse = open story
3. resolved story + open narrative discourse = open discourse
4. unresolved story + open narrative discourse = open text.

Siehe dazu auch Christen 2002, S. 33-36.

397 Ebd.

398 Christen 2002, S. 35.

399 Siehe dazu auch Chatman 1985, S. 81.

400 Neupert 1995, S. 136; vgl. dazu auch Chatman 1985, S. 77, 81.

401 Armine Kotin Mortimer, 1985. La Clôture Narrative, Paris, S. 212, zitiert nach Neupert 1995, S. 136.

402 Vgl. Chatman 1985, S. 80, vgl. S. 80-82.

403 Benci 2008, S. 78.

nicht über die Figuren dominieren. Vielmehr sind diese gleich wichtig oder unwichtig, da alles und jede Handlung von Kontingenz bestimmt ist.[404] Mit Benci ist „[t]he world as pure flow of time [...] in itself worthy of attention, before or beyond any plot or story."[405] So meinte Antonioni selber dazu: „Il mondo è il concetto che è sempre presente in un'immagine: il mondo di quelle cose che si vedono e il mondo di tutto quello che c'è dietro."[406] Dementsprechend spricht Gilles Deleuze in seinem filmphilosophischen Werk *L'image temps*[407] von zwei Richtungen, in die sich „Antonionis Kunst [...] unaufhörlich entwickelt [hat]": Zum Einen ist es die „beachtliche[...] Ausschöpfung der toten Zeit des Alltags"[408], zum Anderen beobachtet Deleuze ausgehend von *L'Eclisse* eine Absorption der Figuren und Handlungen durch menschenleere Landschaften und entleerte Räume. Pascal Bonitzer beschreibt dies wie folgt:

> „Antonioni, c'est le hors-champ. Depuis *L'Avventura*, le visage disparaît comme aspiré par l'espace off, la grande recherche d'Antonioni, c'est le plan vide, le plan déshabité. A la fin de *L'Éclipse*, tous les plans parcourus par le couple sont revus et corrigés «par le vide », comme l'indique le titre du film: c'est d'une éclipse de visage qu'il s'agit. Plus personne; plus même de « persona ». La dernière bobine est une bobine de rien. [...] L'objet du cinéma d'Antonioni, c'est d'arriver au non-figuratif, par une aventure dont le terme est l'éclipse du visage, l'effacement des personnages."[409]

Auch für Bonitzer steht die ‚Eklipse' für die verschwundenen Protagonist*innen, die den von der Kamera abermals aufgesuchten Treffpunkt leer belassen. Eine weitere und darüber hinaus herausragende narrative Ellipse[410] wird damit an den Schluss gestellt. *E-*

---

404 Chatman 1985, S. 82.

405 Benci 2008, S. 78.

406 Antonioni [1979] 2001, S. 188 („Die Welt ist das Konzept, das immer präsent ist im Bild: Die Welt der Dinge, die man sieht und die Welt von all dem, was dahiner ist." Übers. J.M.).

407 Siehe Deleuze [1983] 1997.

408 Deleuze [1985] 1997, S. 16.

409 Bonitzer 1999, S. 62. Siehe dazu auch Deleuze 2005, S. 165f.

410 Bereits in der antiken Rhetorik wird *Ellipse* als Bezeichnung für die sprachliche Auslassung verwendet. Vgl. Kluge, Etymologisches Wörterbuch der deutschen Sprache, 25., durchges. u. erw. Aufl., bearb. v. Elmar Seebold, Berlin 2011, S. 242. Genette und Prince zufolge kann hier von einer ‚impliziten Ellipsis' gesprochen werden als eine Lücke oder Leerstelle „in the chronology or a break in the

clisse und *ellisse* beziehungsweise ‚Eklipse' und ‚Ellipse' sind etymologisch in dem Sinne verwandt, als dass die griechische Entlehnung *ékleipsis* „Ausbleiben, Verschwinden" heißt und *élleipsis* „Mangel, Auslassen".[411] Die narrative Leerstelle zeigt sich schließlich in der Leere der Stadt, in der Anonymität unbedeutender Begegnungen und als Nacht, die alles einhüllt. Bonitzer betont, dass das Kino keine Negation kenne, bei Antonioni vielmehr die Leere positiv existiere, sodass sie von der Präsenz heimgesucht wird:[412]

> „There is no more beautiful moment in an Antonioni film (and each seems structured to reach this end) than that in which his characters, his human beings, are cancelled, only so as to leave behind it seems, a space without attributes, a pure space (...) Empty space is not a void: full of mists, of fleeting faces, of evanescent presences or of random movements, this space represents that final point of being finally freed from the negativity of intentions, of passions, of human existence."[413]

Andererseits sollte mit dieser positiven, als Befreiung aufgefassten Bewertung – was auch auf Vittorias Entscheidung, von Piero abzulassen, zutreffen mag – die im Film damit aufgebaute, unheilverkündende Atmosphäre nicht ausser Acht gelassen werden. Die dokumentarisch anmutende Weise, wie in dieser letzten Sequenz das Leben und die Architektur des *EUR* in Szene gesetzt werden, lässt das Narrative und Fiktive des Films zurücktreten und zu einem Stück authentischer Realgeschichte werden:

> „Die Schlusssequenz ähnelt einem Dokumentarfilm, als ob die Bilder und Töne der alltäglichen Wirklichkeit die unheilvollsten seien. Mit den beiden Protagonisten verschwindet gleichzeitig die Behaglichkeit der erfundenen Geschichte, in der sie vorkommen. Es hat eine Eskalation stattgefunden: Das vage Unbehagen während des wirtschaftlichen Aufschwungs im Nachkriegsitalien hat sich zu einer umfassenden Vorahnung unmittelbar drohenden Unheils gesteigert"[414]

---

sequence of events recounted." Prince 1987, S. 25; siehe dazu auch Genettes Kapitel *Ellipse* in: Genette 2010, S. 66-69.

411 Vgl. Kluge 2011, S. 238f. für den Eintrag *Eklipse* u. S. 242 für *Ellipse*; Vgl. Alberto Nocentini, 2010. L'Etimologico, Vocabolario della lingua italiana, Con la collaborazione di Alessandro Parenti, Mailand, S. 363 für den Eintrag *eclisse, eclissi* u. S. 371 für *ellisse*.

412 Vgl. Bonitzer 1989, S. 218.

413 Ebd., S. 218.

414 Chatman 2008., S. 40, 42.

3.3.2 Zum Vergleich: Inszenierung des *Centro Storico*

Nur wenige Bauten, die von der reichen, vornehmlich antiken und barocken Vergangenheit Roms zeugen, sind in denjenigen Szenen zu erkennen, die im historischen Zentrum spielen. Auf die ursprüngliche Funktion als Tempel des zur Gottheit erhobenen Hadrian (145 v. Chr.) verweist in erster Linie die Außenansicht der Börse mit ihren von der Zeit gezeichneten, kannelierten Säulen (Abb. 46).[415]

Abb. 46 Die Börse im ehemaligen Hadrian-Tempel

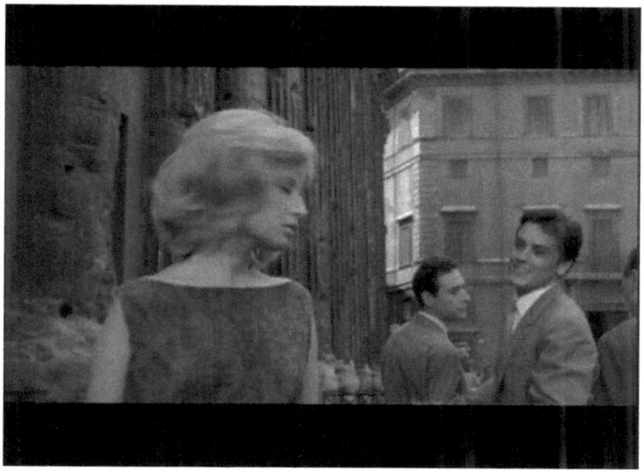

Emblematisch steht der Börsentempel an der *Piazza di Pietra* für den Geist des Kapitalismus, der den spirituellen wohl vollständig abgelöst hat: „What was once a temple dedicated to a deified emperor – combining earthly and heavenly power – has become in the contemporary world a temple to money."[416] (Abb. 31). Auch die drei zu sehenden, christlichen Gotteshäuser im *Centro Storico* vermögen nur noch auf vergangene Zeiten und Werte hinzudeuten. In der Szene, die in der Wohnung Vittorias Mutter an der *Via della Stazione di San Pietro 40* im *Borgo*-Quartier spielt, werden Vittoria und im linken Hintergrund die *Chiesa Santa Maria delle Grazie alle Fornaci* (1694-1717) vom Fensterrahmen gerahmt.[417] Alsbald ist auch die

415 Vgl. Benci 2008, S. 71f.; Rifkin 1982, S. 37.
416 Benci 2008, S. 71f.
417 Vgl. ebd., S. 72.

Kuppel der *Basilica di San Pietro in Vaticano* (1506-1626), die zuvor noch von Vittorias Haupt verdeckt wurde, zu erkennen (Abb. 47).

Abb. 47 Die Wohnung von Vittorias Mutter im *Borgo*

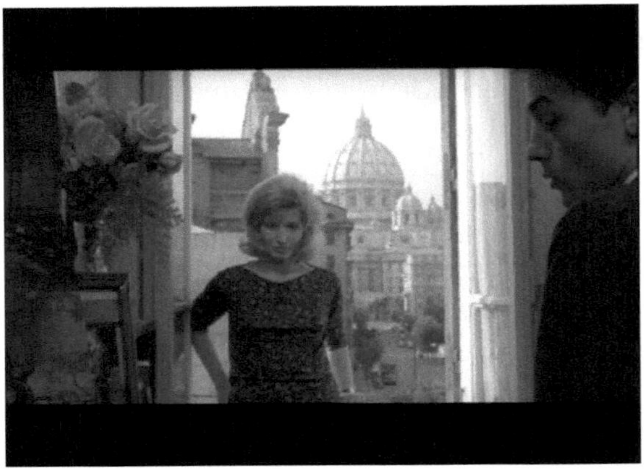

San Pietro erscheint damit in jener Szene, in der Vittoria Piero alte Familienbilder zeigt, deren Ausstellen sie als ‚Manie' (ital. ‚mania') ihrer Mutter bezeichnet. Vittoria wirkt beim Betrachten des Portraits ihres Vaters in Militäruniform emotionslos. So meint sie, dass ihre Mutter keinen Bezug mehr zum Vater habe und fügt beinahe zynisch an, dass man sich frage, ob er einen tragischen Tod erlebt hätte. Den Krieg erwähnt sie mit keinem Wort, doch die Thematik der Szene des 1961 gedrehten und spielenden Films[418] vermischt sich hier mit der italienischen Geschichte.[419] So könnte doch der Vater Vittorias, die Mitte zwanzig sein muss,[420] 1935 in Äthiopien gekämpft haben. Vittorias Haltung gegenüber der Vergangenheit reiht sich in eine der *Entgeschichtlichung*[421] ein. Die Ansicht aus dem Fenster auf die Kirchen erweist sich als das Bild einer vergangenen

---

418 Der Dreh dauerte vom 20. Juli 1961 bis im Oktober. Vgl. Benci 2008, S. 79. Die zu sehende Datumsanzeige in der ersten Börsenszene stellt sich dieser Angabe Bencis beziehungsweise Bernardinis entgegen, insofern darauf „LUN 10 LUG" zu lesen ist. In einer gesonderten Untersuchung könnte eruiert werden, wie sich die Aktienkurse damals tatsächlich verhielten.

419 Vgl. Benci 2011, S. 49.

420 Vittoria bekundete Riccardo im Prolog, dass sie mit zwanzig, als sie ihn kennengelernt hatte, glücklich war.

421 Pfammatter benutzt diesen Begriff bezüglich der Architektur. Siehe Pfammatter 2005, S. 31.

Zeit der traditionellen und religiösen Werte. So hat sich die Mutter, die auf die Probleme ihrer Tochter nicht eingehen kann, mittlerweile komplett dem modernen Börsengeschäft verschrieben, dessen Tempel sie wohl werktäglich mit einer Mischung aus Hoffnung und Frustration betritt.

Abb. 48 Der Fensterausblick aus Pieros Elternhaus im *Ghetto*

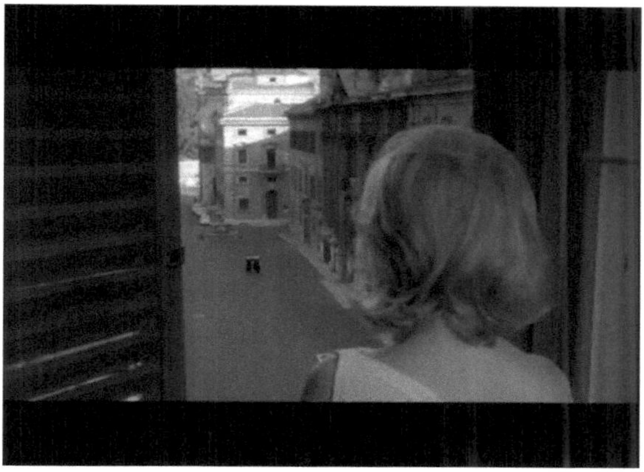

Ebenfalls über einen Fensterblick zeigt sich die *Chiesa di Santa Maria in Campitelli* (1662-67) im *Ghetto* (Abb. 48). Dort, genauer im *Palazzo Patrizi-Clementi-Ascarelli a Santa Caterina* an der *Via dei Deflini 12,* befindet sich die Wohnung Pieros Eltern. Diese vermittelt den Eindruck eines Museums, sind die verlassenen Räume doch dermaßen angereichert mit gemeinhin als klassisch bürgerlich bezeichneter Kunst.[422] Es sind insbesondere die überdauernden Bauten, die im Alltag als ständige Zeugnisse von Vergangenem erscheinen: „This is a perennial theme in Italian culture because the past, of course, is always ubiquitous in Italy, as cultural monument or ruin."[423] Antonionis Sozialkritik bezüglich „society's 'presentism,' its utter forgetting of the past"[424], der sich mehr noch in einem ‚futurism' äußert, wird denn auch über die Inszenierung des Gebauten vollzogen. Insofern Architektur eine Auseinandersetzung mit Gebautem

422 Vgl. Benci 2008, S. 76.
423 Vgl. Benci 2008, S. 76.
424 Brunette 1998, S. 47.

ist, stellt sie eine Auseinandersetzung mit der Geschichte und dem Zeitgeist dar.

3.4 Zwischenfazit: „La pace è debole"

Die aufwändige Inszenierung der Außenräume des *EUR* steht in starkem Kontrast zur Darstellung des *Centro Storico*. Dort wurden lediglich an der *Piazza di Pietra* als dem Standort der Börse sowie an der *Via Po*, an der sich das Büro Pieros befindet,[425] Außenaufnahmen gedreht. Die anderen Außenräume des *Centro Storico* sind in *L'Eclisse* über Fensterblicke erfassbar, spielen sich die Szenen dort doch vermehrt in Innenräumen ab.

Durch die Art und Weise, wie das Leben im *Centro Storico* und im *EUR* mit seinen baulichen Entwicklungen wiedergegeben sind, kann der Film auch als historisches Dokument betrachtet werden. Wohl am eindrücklichsten sind die dokumentarisch wirkenden Szenen an der römischen Börse. Antonioni hatte diese im Vorfeld und für die Filmvorbereitungen aufgesucht, um das dortige Treiben zu beobachten. Aufgefallen sind ihm die spekulierenden Damen, die in den Film eingegangen sind, allen voran in der Figur von Vittorias Mutter. Um die Szenen an der Börse, die er während deren Sommerschließung drehte, möglichst authentisch zu halten, heuerte Antonioni echte Börsenmakler an.[426] Im *EUR* sind es insbesondere die Szene mit der von einer neugierigen Menschentraube beobachteten Bergung des Unfallwagens sowie die Momente eines „cinema puro"[427] im Epilog des Films, die von dokumentarischer Qualität sind.

Während im *Centro Storico* der antike Gottestempel zum Tempel des Kapitalismus überführt wurde, können die Wohnungen der Eltern als Weiterführung der Werte traditioneller Bürgerlichkeit gelesen werden. Die Inszenierung des *EUR* hingegen verkörpert die Gegenwart, ja gar die Zukunft. Das in der Nachkriegszeit im Wandel stehende *EUR*-Gelände tritt als Wohnort der jungen Generation in Erscheinung. Augenfälliger Hinweis dafür ist das mehrmals zu

---

425 Vgl. Benci 2008, S. 77.

426 Vgl. ebd., S. 70, 79; Antonioni [1975] 2001, S. 247f.

427 Leonardo Autera u. Ettore Mo in Antonioni [1975] 2001, S. 247; vgl. Liptay 2006, S. 131.

sehende Kindermädchen[428] mit dem Kinderwagen. Auch als Ort der Freizeit wird das Quartier vorgestellt: So trifft Piero, der in der geschäftigen Börse im chaotischen Zentrum Roms tätig ist, Vittoria in seiner Mittagspause und abends. Ein Ehepaar lauscht den Klavierklängen aus der Jukebox. Es wird im Film zudem ersichtlich, dass in das *EUR* investiert wurde und wird, namentlich in den Bau von Großprojekten, Wohnhäusern, Geschäftshäusern und in die Straßenführung. Die Börse mag hierbei als Entscheidungsorgan mitverantwortlich sein.[429] Historisch verbuchte zu der Zeit die Bauindustrie weit überdurchschnittliche Zuwächse, die nur durch besonders kapitalintensive Wirtschaftszweige wie etwa die Metallindustrie und die chemische Industrie übertroffen wurden.[430]

Daneben ist das *EUR* der Ort, wo im Film gestorben wird. Der Autounfall stellt im sonst so friedlich wirkenden Quartier ein Ereignis dar, das im hektischen Zentrum wohl gar nicht erst bemerkt worden wäre. Junge Schaulustige strömen an die Unfallstelle, behindern Bergungsarbeiten und fallen selber in den See, was zu Gelächter führt. Der Eindruck, dass die Gaffer*innen wie die Filmzuschauer*innen kein Mitleid für den Toten empfinden, ist das Resultat der erzählerischen Vermittlung im Film. So hat der Betrunkene, der erst in der Sequenz davor eingeführt wurde, die vielversprechende Annäherung zwischen Vittoria und Piero durch seinen dreisten Autodiebstahl jäh unterbrochen. Der Betrunkene hat ein erwartetes, erzählerisches Ereignis, die intime Begegnung der Protagonist*innen, verunmöglicht. Sein Tod bleibt lediglich Episode.

Der nachhaltigste Eindruck, der von der Inszenierung des *EUR* ausgeht, ist wohl jener der Verdrängung der Vergangenheit in der italienischen Gesellschaft. Jacopo Benci interpretiert Antonionis filmische Auseinandersetzung mit dem *EUR* als kritische Neubewertung des Regimes und dessen materiellen Hervorbringungen, wovon die Architektur die eindrücklichste und am Längsten über-

---

428 Im Drehbuch wird die Dame als „nurse" bezeichnet (vgl. Antonioni 1964, S. 431), was gemäß Nocentinis mit „bambinaia", zu Deutsch ‚Kindermädchen' übersetzt wird. Vgl. Nocentini 2000, S. 766.

429 Vgl. Benci 2011, S. 50f.

430 Vgl. Woller 2010, S. 252.

dauernde sei. Was ein solches filmisches „critical reassessment" jedoch in sich vereint, bleibt bei Benci außen vor.[431] Antonioni selber war in der ersten Planungsphase von *E42* als Sekretär von Vittorio Cini, Generalkommissar der *Ente EUR*, involviert.[432] Zudem arbeitete er drei Jahre für die Zeitschrift *Cinema* unter Vittorio Mussolini, Sohn Benito Mussolinis, von der er aus unerfindlichen Gründen entlassen wurde.[433] Die Meinungen über Antonionis Haltung zum Faschismus gehen auseinander; selber hat er sich wohl nie kompromittiert.[434] Die vorliegende Untersuchung konnte aufzeigen, dass in *L'Eclisse* der *Palazzo della Civiltà del Lavoro* und die *Basilica dei Santi Pietro e Paolo* als zwei Hauptbauten des *E42*-Projekts sowie die scheinbar aus der Antike stammenden, doch de facto zeitlich in der Moderne entstandenen Ruinen von Giovanni Micheluccis (1891-1990) unfertigem Amphitheater lediglich noch als bauliche Relikte aus einer längst vergessenen, ja verdrängten Zeit herhalten müssen. Auffällig ist, dass der Film die Hauptachse des *EUR* als einen Abschnitt der ehemaligen *Via dell'Impero* und als Zentrum des faschistischen Stadtplanungsprojekts nicht zeigt, indem er sich dem südlichen und südwestlichen Teil des Viertels widmet, die sich erst in der Nachkriegszeit entwickelt haben. Die während des Faschismus erstellten Bauwerke büßen ihre Monumentalität zugunsten der prominent im Film erscheinenden, nach dem Krieg errichteten baulichen Konstrukte ein. Diese erwecken den Eindruck, dass sie durch ihren ‚geschichtslosen' *International Style* bis hin zu ihrem spektakulären futuristischen Aussehen den faschistischen Ursprung des Quartiers überstrahlen sollten.[435] Von diesen fertig gestellten, modernen Großbauten – der *Fungo*, dem *Palazzo dello Sport*, dem *Velodromo* – geht eine eigentümliche abweisende Wirkung aus. Doch erweckt diese weniger die Annahme, dass die Gebäude nicht mehr genutzt werden, sondern vielmehr, dass sie für Menschen geschaffen wurden, die noch nicht bereit für diese Architektur waren, die

---

431 Vgl. Benci 2011, S. 50.

432 Vgl. ebd.; Orsini 2002, S. 16.

433 Vgl. Benci 2011, S. 50; Kiefer 2008, S. 38; Steimatsky 2008, S. 19.

434 Vgl. Kiefer 2008, S. 37.

435 Vgl. Bauer 2009, S. 297.

technischen Errungenschaften derartig zelebrierte.[436] Als Repräsentant*innen dieser ‚Gesellschaft der Entgeschichtlichung' bewegen sich die Hauptfiguren auf Straßen, die noch nicht in eine urbane Struktur eingebunden sind und wählen eine Baustelle an einer Straßenkreuzung statt eine *Piazza* als ihren Treffpunkt. „Vittoria and Piero's affair is in a sense already doomed simply by their meeting there. It is not a place for meeting and lingering but only for going separate ways."[437]

Neben dem harten Schnitt - damit narratologisch eine Ellipse markierend - von Vittorias Wohnung zur ersten Börsenszene, handelt es sich bei jenem, der von Pieros Elternschlafzimmer zur Außenszene vor dem *Istituto Suore di Never* (circa 1960)[438] führt, um den wohl härtesten.[439] Pieros liegender Körper im wilden Gras ist im Vordergrund nur ansatzweise angedeutet (Abb. 49).

Abb. 49 Piero und das *Istituto Suore di Never*

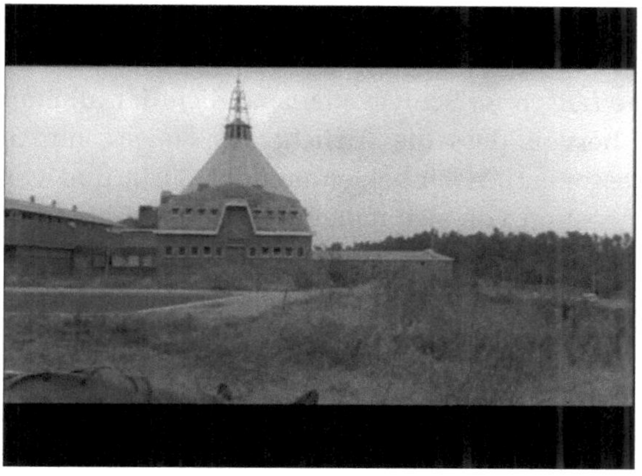

[436] Vgl. Antonioni [1961] 2001, S. 32f.

[437] Chatman 1985, S. 110; siehe dazu Chatmans Kapitel *CITY PLANNING: Whatever happened to the Piazza?*, in: Chatman 1985, S. 108-112.

[438] Vgl. Benci 2008, S. 77.

[439] Neben diesem Schnitt stellen sich zwei andere den gewohnten Filmerzählkonventionen markant entgegen: Vittorias plötzlich dunkel bemaltes Gesicht, um bei Marta einen Afrikanischen Tanz zu vollführen und die Detailaufnahme des vorerst nicht auszumachenden Flügels des abgebenden Flugzeuges, das Anita und Vittoria nach Verona bringt. Vgl. Esposito 1984, S. 30.

Er sitzt auf und sagt vor sich hin: „Mi sembra di essere all'estero", worauf Vittoria erwidert: „Pensa che strano: a me questa sensazione la dai tu."[440] Diese Episode zeigt in einer Direktheit wie keine andere im Werk auf, wie fremde Umgebung und entfremdete menschliche Beziehungen filmisch eine Verweisstruktur bilden. Die unfertigen Gebäude – das *ENI*-Gebäude und die Baustelle am Treffpunkt –, überhaupt die Inszenierung des *EUR*-Viertels, oszillieren in ihrem eigentlichen Zustand des Werdens zwischen Noch-nicht-Sein und Nicht-mehr-Werden. Letzteres kann gleichermaßen auf den Beziehungsstatus der Protagonist*innen übertragen werden, die sich nicht unbewusst für den sich im Bau befindlichen *Palazzo* als Treffpunkt entschieden haben mögen.[441]
Vom *Fungo* geht bereits durch dessen Inszenierung im Prolog etwas Befremdliches, Bedrohliches aus. Letzteres wird im Epilog insofern massiv verstärkt, als dass die filmische Montage durch das Wegbleiben der beiden Protagonist*innen die politische Lage der zeitgenössischen Welt heraufbeschwört und das weitere Werden der Menschheit überhaupt in Frage stellt: Die tatsächlich zur Drehzeit erschienene *L'Espresso*-Schlagzeile bezüglich der atomaren Bedrohung ruft hervor, dass die Ansicht des *Fungos*, nun mit einem Atompilz assoziiert, noch beklemmender wirkt und verstärkt die latente Suggestion von sich nahender Gefahr (Abb. 50-51).[442] Dies kulminiert in der letzten Einstellung mit der brennenden Straßenlampe als Figuration einer künstlichen Sonnenfinsternis durch einen Atompilz (Abb. 27).

440 Antonioni 1964, S. 426 (Piero: „Es scheint mir, als wäre ich im Ausland." Vittoria: „Stell dir vor, diesen Eindruck erweckst Du bei mir." Übers. J.M.]

441 Vgl. Rifkin 1977, S. 37.

442 *L'Espresso* vom 10. September 1961, vgl. Benci 2008, S. 82. Als eines der führenden Print-Nachrichtenmagazine wurde *L'Espresso* im Oktober 1955 von Arrigo Benedetti und Eugenio Scalfari gegründet. Von Beginn weg charakterisierte sich die Zeitung durch ihren „aggressive investigative journalism", der stark auf korrupte und klientelistische Machenschaften der *Democrazia Cristiana* (und später der Sozialistischen Partei) ausgerichtet war. In den 1950ern enthüllte *L'Espresso* große Skandale im Gesundheits- und Wohnungswesen. Siehe Encyclopedia of Contemporary Italian Culture, 2000, S. 203.

Abb. 50-51 Originale Zeitungsschlagzeilen zur Drehzeit

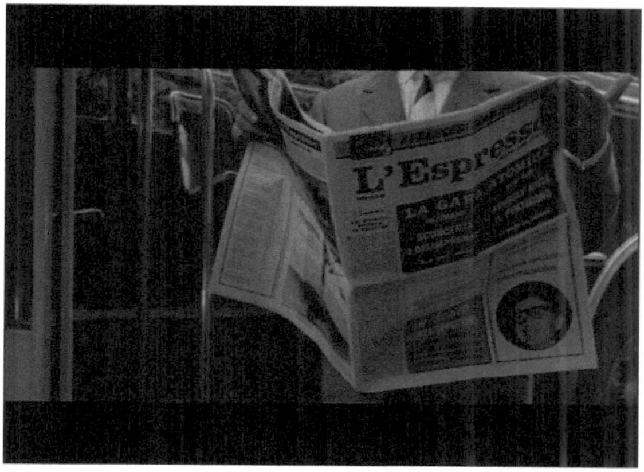

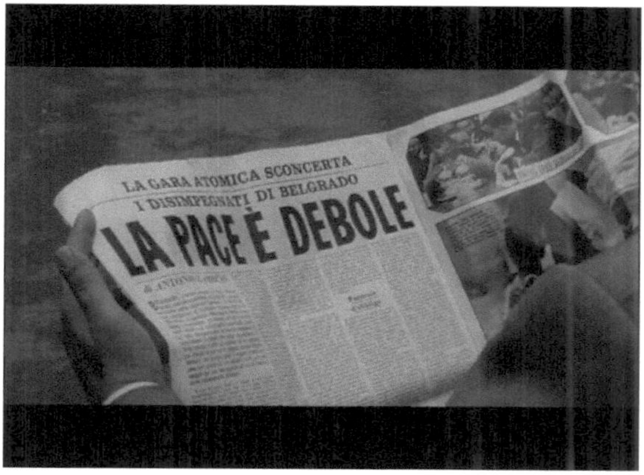

4. FINE oder „La conclusione è sempre la stessa"

Am Ende dieser Arbeit werden die bisherigen Erkenntnisse zusammengeführt. Es stellt sich insbesondere in Anbetracht des Filmendes, das die damals zeitgenössischen Kinobesucher*innen in eine vom Film veränderte Weltsicht entließ, abschließend die Frage, wie *L'Eclisse* zum Verhältnis von Filmwelt und realwirklicher Welt gestellt ist.

Der Manier des *Art Cinema* entsprechend wird in *L'Eclisse* die Aufmerksamkeit auf die Erzählstruktur gelenkt, indem sie von den Konventionen des klassischen Erzählkinos mit klarem Anfang und Ende und der Handlungsfolge nach Ursache und Effekt gelöst wird, um sich dem fragmentarischen[443] „real life"[444] anzunähern. Antonioni formulierte dieses Anliegen hinsichtlich seines Filmschaffens folgendermaßen:

> „[...] m'è sembrato, e ne sono fermamente convinto, che oggi il cinematografo debba essere piuttosto legato alla verità che alla logica. La verità della nostra vita quotidiana non è meccanica, convenzionale o artificiale come in genere le storie, così come sono costruite nel cinema, ce lo mostrano. La cadenza della vita non è equilibrabile, è una cadenza che ora precipita, ora è lenta, ora è stagnante, ora invece è vorticosa. Ci sono dei momenti di stasi, ci sono dei momenti velocissimi e tutto questo credo che si debba sentire nel racconto di un film, proprio per restare fedeli a questo principio di verità."[445]

---

443 Siehe Kracauer [1960] 2005, S. 460; Christen 2002, S. 114; Antonioni 2001g [1965], S. 130. Kracauer sieht das Fragmentarische bereits in der realwirklichen Welt angelegt: „Es gibt keine Ganzheiten in dieser Welt, viel eher gilt, daβ sie aus Fetzen von Zufallsereignissen besteht, deren Abfolge an die Stelle sinnvoller Kontinuität tritt. Dementsprechend muβ das individuelle Bewuβtsein als ein Aggregat von Glaubenssplittern und allerlei Tätigkeiten aufgefaβt werden; und da es dem inneren Leben an Struktur gebricht, haben Impulse aus psychosomatischen Regionen die Möglichkeit, aufzusteigen und die Zwischenräume zu füllen. Fragmentarische Individuen spielen ihre Rollen in einer fragmentarischen Realität." Kracauer [1960] 2005, S. 457.

444 Bordwell 1985, S. 207. Siehe dazu auch Kracauers Kapitel *Momente des täglichen Lebens*, Kracauer [1960] 2005, S. 465-467.

445 Antonioni [1961] 2001, S. 26 („[...] weil es mir scheint, und davon bin ich der fest überzeugt, daß heute das Kino eher der Wahrheit als der Logik verpflichtet

Dieses Wahrheitsprinzip sah Antonioni im „essere a contatto con la realtà"[446] erfüllt, wie er es andernorts formuliert hat und wie im obigen Zitat deutlich wurde. Den direkten Realitätsbezug übertrug der Regisseur nicht nur auf das *Was* der Erzählung, sondern auch auf das *Wie* der Vermittlung. In *L'Eclisse* lassen sich folglich jene Grundsätze ausmachen, die David Bordwell für das *Art Cinema* als Charakteristika ausmacht: „The art cinema motivates its narratives by two principles: realism and authorial expressivity."[447] Die Trennungsszene zwischen Vittoria und Riccardo im Prolog ist insofern aus dem ‚real life' entnommen, als dass darin unterschiedliche Dynamiken bezüglich Aktion und Interaktion der Personen enthalten sind und die Szene insgesamt sehr langatmig ist. Der Realität des Films entspricht auch seine Konstruiertheit. Das offensichtliche Zurschaustellen der Künstlichkeit des Films, in der der Regisseur gleichzeitig sein Filmschaffen ausdrückt, ist ebenfalls dem Wahrheitsprinzip geschuldet. Der losen Erzählstruktur wird gleich einer Enthierarchisierung deren konventioneller Vorrangstatus entzogen, indem sich die Frage vom ‚Was geschieht als nächstes?' zu ‚Was wird gerade, wie gezeigt?' verschiebt.[448] Entgegen dem klassischen Erzählkino mit seiner Erzähllogik gelingt es den Zuschauer*innen nicht mehr, in eine andere Welt einzutauchen, sondern sie bleiben Außenstehende – eben Zu-schauer*innen – indem der Film sie auf seine Metaebene verweist.

Die Prolog-Analyse, welche auf einem akribischen Einstellungsprotokoll basiert, konnte darlegen, dass sich die Gemachtheit des Films über die filmische Raumkonstruktion und die darin oft bildhaft wiedergegebenen Einstellungsräume ausdrückt. Die filmische Raumkonstruktion setzt sich aus der *Mise en Scène* als bild-

sein muß. Die Wahrheit unseres täglichen Lebens ist nicht mechanisch, konventionell oder artifiziell. Wie es uns im allgemeinen die Geschichten, wie sie im Film gebaut sind, erzählen. Der Ablauf des Lebens ist nicht ausgleichbar. Es ist ein Ablauf, der sich bald überstürzt, bald langsam verläuft, der jetzt stagniert, jetzt dagegen durcheinanderwirbelt. Es gibt Augenblicke des Stillstands, es gibt sehr rasch ablaufende Augenblicke, und all das muß man, wie ich glaube, in der Erzählung eines Films spüren, gerade um diesem Prinzip der Wahrheit treuzubleiben." Antonioni [1961] 1964, S. 89.).

446 Antonioni [1963] 2001, S. 50 („mit der Realität in Kontakt sein", Übers. J.M.).

447 Bordwell [1979] 2009, S. 650f.

448 Vgl. Perez 1991, S. 238.

räumliche Organisation, der *Mise en Images* als bildflächige Komposition, dem Klangraum und der Montage zusammen.[449] Bordwells *Shot Space* (Einstellungsraum) impliziert die *Mise en Scène* und *Mise en Images*. Beim ‚gewöhnlichen' Betrachten des Filmeinstiegs nehmen die Zuschauer*innen die wechselnden Kamerapositionen und die einstudiert wirkenden Figurenbewegungen bewusst wahr, anstatt dass sie sich dem Geschehen wie im klassischen Erzählkino bequem hingeben können. In der Prolog-Analyse konnte dieser Effekt bestätigt werden: Tatsächlich wird der Wohnraum durch Figurenbewegungen und -blicke sowie Kameraperspektiven fast systematisch abgeschritten, abgeschaut, quasi durchmessen. Die Figuren- und Raumdisposition ist stets perfekt auf die Kamera, auf das Bildfeld ausgerichtet, womit die Betrachtung auf die *Mise en Images* als flächige Bildauffassung gelenkt wird. Die dritte Einstellung, in der Vittoria durch einen Bilderrahmen, der parallel zum Bildfeld gestellt ist, Objekte im durch den Rahmen bestimmten Bildraum so positioniert, dass sie ein überzeugendes Bild ergeben, offenbart Antonionis filmisches Verfahren. Dass Peter Bondanella dieses mit jenem von Maler*innen oder Standfotograf*innen vergleicht,[450] kommt nicht von ungefähr: Antonioni postulierte, dass seine Filme „alla macchina da presa"[451] entstehen und er so „ogni centimetro quadrato"[452] der Kadrierung bestimme. Darin zeigt sich seine flächige Auffassung von Filmbildern, was durch die Anwendung des *Mug Shot*-Verfahrens bestärkt wird. Die Bezeichnung geht auf Bordwell zurück: Wie bei Fahndungsbildern (*Mug Shots*) verhalten sich die Figuren frontal zur Kamera, was der Filmwissenschaftler mit Rückgriff auf Heinrich Wölfflin als eine die Raumtiefe aufhebende planimetrische Bildkomposition bezeichnet.[453] Die bildhafte Betrachtung wird zudem durch das Überwiegen der Standbildaufnahmen in *L'Eclisse* gefördert. Damit richtet sich die Konzentration auf das *Cadre* mit seiner zentripetalen Wirkung, wohingegen Bewegungsbilder die zentrifugale Wirkung des *Cache* betonen. Damit sind André Bazins Begriffe von *Cadre* und *Cache* angesprochen. Sie

---

[449] Vgl. Fischer 2012, S. 276.
[450] Vgl. Bondanella 2001, S. 212.
[451] Antonioni [1961] 2001, S. 30.
[452] Antonioni [1960] 2001, S. 125.
[453] Vgl. Bordwell 1997, S. 27f., 31.

erfassen das Filmbild in seiner Zweiheit als geschlossene, gerahmte Bildkomposition (*Cadre*) und als bewegliche Abdeckung (*Cache*), welche das sich zuvor *offscreen* befindliche, „kaschierte Umfeld“[454] ins Bildfeld holen kann.[455] Antonioni begriff das im Film Gezeigte als Nebeneinander auf einer Bildfläche, wobei er Figuren und Dinge gleichbedeutend behandelte. Davon zeugt die Aussage Antonionis in einem Interview: Auf die Frage „In che senso consideri gli attori come 'materiale'?" antwortete er: „Nel senso più pieno.“[456] Diese räumliche Auflösung einer Hierarchie der Bildelemente wird zusätzlich durch die ‚flächendeckende' Bildschärfe gefördert, die die Zuschauer*innen dazu anhält, alles bewusst wahrzunehmen.[457] Das, was Karl Prümm von der Filmanalyse fordert - nämlich den „Blickwechsel von der *Mise en Scène* zur *Mise en images*“[458] - ist folglich offenbar das, worauf die Raumkonstruktion als Bildkomposition in *L'Eclisse* angelegt ist. *L'Eclisse* lässt den Einstellungsraum nicht länger in erster Linie als *Mise en Scène* und damit als theatralen, räumlich und bedeutungsmäßig gestaffelten Bühnenraum auffassen:[459] Die Anschauung des Einstellungsraums vollzieht sich vielmehr auf der flächenhaften Ebene der *Mise en Images,* womit die Enthierarchisierung der tiefengestaffelten Bedeutungsdimension einhergeht; der Hintergrund rückt an den Vordergrund, alles ist gleich wichtig. Diese flächige Bildauffassung kann mit den im Prolog gezeigten Gemälden des *Abstrakten Expressionismus* und der *Farbfeldmalerei* zusammengeführt werden.[460] Die Werke verorten *L'Eclisse* in seiner Entstehungszeit, andererseits lassen sich damit Verbindungen zu Clement Greenberg ziehen. So fordert dieser, dass die modernistische Kunst als eine selbstreflexive ihre Gestaltungsmittel - etwa die Flächigkeit - offenlegt.[461] Bereits die durch den Apparat automatischen Aufzeichnung von Ansichten der Welt

---

454 Liptay 2006, S. 111.

455 Vgl. Bazin [o.J.] 2009, S. 225f.; Liptay 2006, S. 110-113.

456 Antonioni [1959b] 2001, S. 17 (Interviewer: "In welchem Sinne erachten Sie die Schauspieler*innen als 'material'?", Antonioni: "Im wahrsten Sinne", Übers. J.M.).

457 Vgl. Schenk 2008, S. 71; Brunette 1998, S. 30.

458 Vgl. Prümms 2006, S. 15 (zitiert wurde der Titel des Artikels).

459 Vgl. Ebd., S. 16f.

460 Im ehemaligen Kinderzimmer von Vittoria hängt ebenfalls ein solches Bild.

461 Siehe dazu Greenberg [1960] 1995.

erweisen sich als von „authorial expressivity" markiert: „[...] quello che conta è il suo [gemeint ist die/der Autor*in, Anm. der Verf.] modo di isolarla, di stilizzarla, di farla sua."[462] Dies zeigt sich beispielsweise in perfekt austarierten Bildkompositionen mit Figuren- und Objektrahmungen mittels Tür-, Fensterrahmen und weiteren architektonischen Elementen, welche wiederum das Bildgeviert des Filmkaders wiederholen: „By calling our attention to the frame, to the fact of our being divided from the world pictured, Antonioni acknowledges in modernist fashion the medium and its mediation."[463] Bei Antonioni ist der Film in dem Sinne Raumkunst, als dass er im Realraum entsteht, den der Regisseur ganz gezielt aufgrund von thematischen - wie mit dem *EUR* gezeigt wurde - und visuellen Kriterien auswählt, welche präzise zusammenspielen. Die filmische Vermittlung folgt dem Wahrheitsprinzip, gibt Preis, dass der Film durch die Kamera entsteht und auf einer Leinwand erscheint.

Das Verfahren der filmischen Montage zielt neben der erzählerischen Vermittlung konventionell darauf ab, Teilansichten von Raum in eine Abfolge zu setzen, die den Zuschauer*innen zu einer räumlichen Orientierung verhilft. Indem diese Konvention bereits im Prolog von *L'Eclisse* gebrochen wird, erfolgt der Verweis auf die Montage als künstlerisches Gestaltungsmittel und damit auf die Künstlichkeit des Films. Durch harte Schnitte und markante Wechsel der Einstellungsgrößen bleibt der Eindruck von räumlicher Desorientierung zurück, statt dass sich die mehrfachen Teilansichten des Wohnraums, in dem sich die Szene abspielt, zu einem vollständigen beziehungsweise ‚realistisch' vorstellbaren Raum zusammensetzen lassen. Dieser Bruch mit den filmischen Konventionen ist dennoch eigentlich der Realität geschuldet, insofern unsere Wahrnehmung auf einem sukzessiven Sehen beruht, die - ähnlich dem Prinzip des Films - über einzelne Teilansichten und Perspektiven, also Raumfragmente, die Vorstellung eines ganzen Raums konstruiert. Die im Film gebotenen Ansichten des *EUR* können le-

---

462 Antonioni [1960] 2001, S. 121 („Das was zählt, ist deren/dessen [gemeint ist die/der Autor*in, Anm. der Verf.] Art, wie sie diese [Ansichten der Welt] isolieren, stilisieren, zu Eigen machen." Übers. J.M.]

463 Perez 1991, S. 244.

diglich zu einem topographischen Ganzen zusammengefügt werden, wenn man das Quartier bereits besucht und den Film mehrmals angesehen hat. Ähnlich verhält es sich mit der Heranführung an den Treffpunkt Vittorias und Pieros im Epilog, welche eine zwar mehransichtige, doch fragmentarische bleibt. Seine künstliche Gemachtheit wird im Film zudem über die durch die Montage erzeugten Repetitionen anschaulich, beispielsweise indem zweimal ein Pferd mit Sulky den Treffpunkt beim *Velodromo* passiert.

Ned Rifkin zufolge ist es Antonionis „attitude toward filmic reality, [...] what makes Antonioni a self-conscious composer of shots."[464] Das Zeigen der Gemachtheit des Films legt seine *Filmic Reality*, die in seiner künstlichen Angelegtheit besteht, offen. Zudem fasste Antonioni die *Filmic Reality* auf als eine, die mit der ausserfilmischen Realität verhandelt – als eine, die in der Welt angelegt ist: „Il mondo è il concetto che è sempre presente in un'immagine: il mondo di quelle cose che si vedono e il mondo di tutto quello che c'è dietro."[465] Gemäß Stanley Cavell erfüllt der Film

> „the wish for the magical reproduction of the world by enabling us to view it unseen. What we wish to see in this way is the world itself – that is to say, everything. [...] To say that we wish to view the world itself is to say that we are wishing for the condition of viewing as such. That is our way of establishing our connection with the world: through viewing it, or having views of it. [...] Movies convince us of the world's reality in the only way we have to be convinced [...]: by taking views of it."[466]

L'Eclisse vermittelt solche Welt-Ansichten, gewährt uns dieses Schauen als solches umso mehr, indem der Film vermittelt, dass alles Sichtbare wahrgenommen werden soll.[467] Im Epilog, der von der Erzählung entleerte, ‚pure' Ansichten des *EUR* zeigt, werden so gar Momente einer Filmerfahrung geboten, die nach Fabienne Liptay als *Cinéma pur*[468] bezeichnet werden können. Gleichzeitig wird uns bewusstgemacht, dass Realität „always *more* than what can be

---

464 Rifkin 1982, S. 49.

465 Antonioni [1979] 2001, S. 188 („Die Welt ist das Konzept, das immer präsent ist im Bild: Die Welt der Dinge, die man sieht und die Welt von all dem, was dahiner ist." Übers. J.M.).

466 Cavell 1979, S. 101f.

467 Vgl. Schenk 2008, S. 71, Brunette 1998, S. 30.

468 Siehe dazu Liptay 2006, S. 131; Kracauer [1960] 1985, S. 241f.

seen"[469] ist: Die „prior, unproblematic, completely visible presence"[470] wird in Frage gestellt. Exemplarisch wird dies vermittelt, indem zum Ende des Films die Erfahrung des *Cinéma pur* zurückgebunden wird durch die filmisch geschaffene Suggestion von aufkommender atomarer Gefahr, was sich mit der damaligen aktuellen Realpolitik vermischte. In seiner Realitätsauffassung sprach Antonioni gemäß Peter Brunette das schwierige Verhältnis der Menschen zur Realität an. Dies tritt in *L'Eclisse* als latente Sozialkritik zutage, die sich in seinen späteren Filmen auf eine globale Kritik bezüglich des zeitgenössischen Lebens ausweitete.[471] Aufgrund der Art und Weise, wie das *EUR* inszeniert ist – was gezeigt wird und was nicht gezeigt wird – wird ersichtlich, dass Antonioni diesen Schauplatz nicht bloß wegen seiner „unique visual presence"[472], die das Quartier seit je her ausstrahlt, gewählt hatte. Bei der Inszenierung des *EUR* ist bezeichnend, dass sich die Figuren lediglich im südlichen und südwestlichen Teil des Quartiers, die sich erst ab der Nachkriegszeit entwickelten, aufhalten. Das Zentrum, das vom faschistischen Ursprung dieses römischen Stadtteils zeugt, wird nicht gezeigt, sondern wird im *Hors champs* belassen. Unter Mussolini – der in der Architektur das Potential erkannte, für eine Epoche und ein Menschenbild zu stehen[473]– wurde das Quartier im Rahmen der Weltausstellung *E42* (*Esposizione del 1942*[474]) als eine städtebauliche Utopie angelegt, um quasi die in Stein gefasste faschistische Ideologie der Welt zu präsentieren. Infolge des Zweiten Weltkrieges konnte nur ein Teil der Bauprojekte realisiert werden. Ab den 1950er-Jahren setzte der Wiederaufbau und die Weiterentwicklung des *EUR* (umbenannt in *Esposizione Universale di Roma*)[475] an, dies unter veränderten politischen und ökonomischen Vorzeichen. Dies

469 Brunette 1998, S. 30. Der Film *Blow Up* (1966) dreht sich explizit um Fragen nach der Realität und deren Erscheinung: Der Protagonist ist ein namentlich nicht genannter Fotograf (David Hemmings, 1941-2003), der über die Vergrößerung seiner Fotografien einen Mord aufdeckt, den er im Beisein nicht bemerkt hatte und den er letztlich niemandem beweisen kann.

470 Ebd., S. 31.

471 Vgl. ebd.

472 Rifkin 1982, S. 23.

473 Vgl. Mattioli 2009, S. 15, 35.

474 Vgl. Lampugnani 2011, S. 491; Bauer 2009, S. 269.

475 Vgl. Lampugnani 2011, S. 491, 499; Bauer 2009, S. 266, 268f.

wurde zusätzlich vorangetrieben durch das italienische Wirtschafswunder und die Olympischen Spiele von 1960.[476] Das neue Bauen im *EUR* sollte demonstrieren, dass Italien in seiner Entwicklung international mithalten konnte. Bauten wie der *Fungo* oder der im *International Style* gehaltene *ENI*-Hauptsitz fügen sich in den Modernismus-Diskurs ein, indem auch sie ihre Struktur offenlegen, wie dies Gemälde des *Abstrakten Expressionismus* und der *Farbfeldmalerei* sowie der Film *L'Eclisse* vollführen. Dabei kann behauptet werden, dass diese referenzlosen, damit ‚geschichtslosen', teilweise futuristische aussehenden Gebäude für eine „Entgeschichtlichung"[477] des Quartiers einstehen, insofern sie dessen Ursprung verschleiern.[478] *L'Eclisse* zeigt über die geschilderte Inszenierung des *EUR*, dass diese *Entgeschichtlichung* in der damals vom Wirtschaftswunder geprägten, zeitgenössischen italienischen Gesellschaft fest verankert war. Damit ist Antonionis „critique of contemporary [...] society's ,'presentism,' its utter forgetting of the past [...] [as] a perennial theme in Italian culture [...]."[479] angesprochen. Dies deckt sich mit der globaleren Tendenz die Frederic Jameson in der Konsumgesellschaft der Postmoderne festmacht:[480]

> „[N]amely the disappearance of a sense of history, the way in which our entire contemporary social system has little by little begun to lose its capacity to retain its own past, has begun to live in a perpetual present and in a perpetual change that obliterates traditions of the kind which all earlier social formations have had in one way or another to preserve."[481]

Die Börse hat das Phänomen des ‚presentism' quasi institutionalisiert, indem die Börsenmakler ihre Ausrichtung spontan anpassen, Verluste umgehend wegstecken müssen. Aussagen Vittorias zeugen exemplarisch davon, dass sie die Vergangenheit und Traditionen, etwa den Wunsch zu heiraten, hinter sich lassen will. Die In-

---

476 Zum *EUR* siehe v.a. Bodenschatz/Spiegel 2011; Lampugnani 2011; Bauer 2009; Lampugnani 2009; Lampugnani 1994.

477 Pfammatter 2005, S. 31.

478 Vgl. Benci 2011, S. 50; Lampugnani 2011, S. 499; Bauer 2009, S. 297; Lampugnani 2009, S. 108f.; Lampugnani 1994, S. 171.

479 Brunette 1998, S. 47.

480 Ausführlicher dazu siehe Jameson [1983] 1991; Vgl. Brunette 1998, S. 48.

481 Siehe Jameson [1983] 1991, S. 125.

szenierung des *EUR*, die Vittorias Aktionsraum folgt, ist entsprechend so angelegt, dass der Ursprung des Quartiers als größtes städtebauliches Projekt unter dem Faschismus ins *Off* gerückt ist. Der *Palazzo della Civiltà del Lavoro* (1938-1943) ist zu Beginn des Films nur kurz unauffällig zu sehen. Die *Basilica dei Santi Pietro e Paolo* (1938-1943) wird mit Glaube, Christentum und Tradition assoziiert, anstatt dass sie direkt mit dem Faschismus in Verbindung gebracht wird. Mitberücksichtigt werden muss, dass *L'Eclisse* als Film, der in der Welt entstanden ist, bisweilen als historisches Dokument gehandelt werden kann, insofern er Aufnahmen überliefert, die das damalige römische Stadtbild, vorrangig das *EUR*, wiedergeben. Auch fernab vom faschistischen Zentrum, dessen Architekturen sich gemäß Bauer „zur gleichsam geträumten Künstlichkeit einer Bühnenwelt bekannten"[482], wirkt das in *L'Eclisse* eingefangene *EUR* wie eine Filmkulisse. So ist doch das realwirkliche *EUR*, ausgehend von seiner Planung bis hin zu seiner Weiterentwicklung, wirklich ein inszenierter Stadtraum, eine realwirkliche Künstlichkeit. Mit dem filmischen Einfangen der Außenwelt des realwirklichen *EUR* vermochte Antonioni den Zustand der Innenwelt des modernen Menschen bildlich zu übertragen. Im Film erscheinen realwirkliche, referenzlose, futuristisch wirkende Solitärbauten, wie der *Palazzo dello Sport* und der Wasserturm *Fungo*, die sich wirklich statt der Gegenwart idealistisch den Menschen der Zukunft und einer neuen Gesellschaft verschrieben hatten. Damit geht aber nicht etwa Antonionis Verurteilung der modernen Welt per se einher, sondern vielmehr machte er die Unfähigkeit der Menschen, sich an diese anzupassen, sichtbar.[483] So beobachtete Antonioni in der damaligen Welt „[uno] scompenso sempre più grave e accentuato tra uomo morale e uomo scientifico."[484] Wo die Wissenschaft den Sprung in die Zukunft vollführte - in *L'Eclisse* durch die Architektur und sichtbare Stadterweiterung im *EUR* vermittelt - blieb der Mensch, der noch in den alten Traditionen verhaftet war, in der Gegenwart zurück. Im *EUR* fand Antonioni offenbar den perfekten

482 Bauer 2009, S. 296.
483 Vgl. Brunette 1998, S. 50.
484 Antonioni [1961] 2001, S. 33.

Schauplatz um diese in der realwirklichen Welt vorzufindende Unausgeglichenheit filmisch aufzuzeigen.[485]

Unter den Begriffen der Referenzlosigkeit und Selbstreferenzialität als Charakteristika der modernistischen Malerei lassen sich bezüglich *L'Eclisse* einige strukturelle Verbindungslinien zwischen den besprochenen Aspekten zu Gemachtheit des Films, Erzählung und *EUR* knüpfen. Letztere oszillieren alle zwischen Realität und Künstlichkeit, sind künstliche Konstrukte, die sich der Realität verschrieben haben und in diesem Sinne ihre Künstlichkeit offenlegen. Die Gemachtheit des Films zeigt sich nicht im Film als Filmen einer Filmcrew, wie beispielsweise bei Jean-Luc Godard. Der Selbstverweis manifestiert sich über den Film, das heißt über die Art und Weise der Inszenierung zeigt sich die Inszeniertheit. Darin schreibt sich freilich auch der Filmemacher ein. Die Filmerzählung, die dem ‚real life' und exemplarisch dem Leben der Protagonistin Vittoria folgt, beginnt mit einer Trennung und einem Neuanfang, entwickelt sich episodenhaft "undramatisch" fort und löst sich schließlich in eine Offenheit auf. Ähnliche Strukturen weist die Inszenierung des Stadtraums *EUR* auf: Solitärbauten bezeichnen eine weitere Episode des Quartiers, Baustellen und Brachen machen erkennbar, dass sich das Quartier in einem Entwicklungsprozess befindet, dessen Ausgang offen erscheint. Die Nachkriegsbauten des *EUR* referieren als solche auf keine früheren Baustile, sondern auf ihre Funktion und auf ihre bauliche Gemachtheit, indem sie ihre Struktur aus Stahlbeton und Glas demonstrieren. Die modernen Bauten könnten entgegen Rifkin und Bernd Kiefer nicht in irgendeiner Großstadt stehen,[486] sondern sind emblematische Bauten des *EUR*, die nicht zuletzt durch die Olympischen Sommerspiele internationale Bekanntheit erlangt haben müssen. Sie sind es – und dies wird durch den Film vermittelt – welche den Neuanfang, die neue Ausstrahlung des *EUR* ausmachen und dessen faschistische Vergangenheit überstrahlen sollten.[487] Das *EUR* ist auch jener Schauplatz, an dem sich die Erzählung und der Film schließlich der Welt und somit einer ungewissen Zukunft öffnen:

---

485 Siehe Antonioni [1961] 2001, S. 32f.
486 Vgl. Kiefer 2008, S. 40; Rifkin 1982, S. 23.
487 Vgl. Bauer 2009, S. 297.

> „Antonioni's reticence as an explicit commentator on politics is belied by his use of locations which becomes in his work a kind of coded political discourse. His films express an intense awareness of the legacies of fascist urban politics as well as the gross distortions of Rome's accelerated urban development during the years of economic growth in the 1950s and early 60s."[488]

Antonioni sah im offenen Filmende das Potential zur Aufhebung der Differenz zwischen der filmischen Welt und jener der Zuschauer*innen. Bleibt die Filmerfahrung als Echo im Leben der Zuschauer*innen zurück, habe der Film diesem gedient.[489] Im Epilog von *L'Eclisse* nimmt dieser nicht unbescheidene Anspruch Antonionis beängstigende Züge an. Das realwirkliche *EUR* scheint durch seine Künstlichkeit der ideale Angelpunkt zu sein, um Antonionis Filmwelt in die realwirkliche Welt zu überführen. Dies vollzieht sich über eine künstlich geschaffene Assoziation, die durch die filmische Montage und die Musik erreicht wird. Mit der Einstellung, die eine tatsächlich erschienene Zeitung in den Fokus nimmt, welche vor der Gefahr des Atomkrieges warnt, erscheint die Straßenlaterne im *Close Up* – gelesen mit dem Filmtitel *L'Eclisse* – wie die künstliche Sonnenfinsternis durch einen Atompilz. An dieser entscheidenden, finalen Stelle des Films als Schwelle zwischen Filmwelt und realwirklicher Welt, wirkt diese im und durch den Film hervorgebrachte Verbindung von Filmwelt und realwirklicher Welt umso eindringlicher.

Das Sichtbarmachen der Welt war Michelangelo Antonionis Wahrheitsanspruch an den Film. Dies vollzog er durch ein „in Kontaktsein mit der Realität"[490], was er auf sein Filmschaffen übertrug. Daraus resultierte der hoch artifizielle Film *L'Eclisse*, der, wiederum dem Wahrheitsprinzip folgend, seine Realität als künstliche Gemachtheit offenlegt. Diese meisterhafte Verbindung von Unvereinbarem – nämlich Realität über Künstlichkeit zu zeigen ohne gekünstelt zu wirken – ist das, was die Poesie von *L'Eclisse* ausmacht

---

488 Benci 2011, S. 47.

489 Vgl. Antonioni [1983] 2001, S. 193f.

490 Vgl. Antonioni [1963] 2001, S. 50.

und den Film zu einem Ausdruck "ästhetischer Wahrheit"[491] werden lässt. Für Antonioni war klar: „La conclusione è sempre la stessa: il cinema, come la letteratura, è inutile se non produce la verità e la poesia."[492] – eine Erkenntnis, die sich auf jegliche Kunst übertragen lässt.

---

491 Siehe dazu Helmut Hühn u. Eberhard Ortland, 2004. Wahrheit, ästhetische; Wahrheit der Kunst, in: Historisches Wörterbuch der Philosophie, hg. v. Joachim Ritter, Karlfried Gründer u. Gottfried Gabriel, Völlig neubearb. Ausg. des ‚Wörterbuchs der Philosophischen Begriffe' v. Rudolf Eisler, Bd. 12, Basel, Spalten 137-141.

492 Antonioni [1959a] 2001, S. 16 („Die Schlussfolgerung ist immer die Gleiche: Das Kino, wie die Literatur, ist unnütz, sofern sie nicht Wahrheit und Poesie produziert." Übers. J.M.).

5. Anhang

5.1 Bibliographie

ANTONIONI, Michelangelo, [1983] 2012. Chronik einer Liebe, die es nie gab, 2. erw. Aufl., Berlin.

ANTONIONI, Michelangelo, [1985] 2001. Identificazione di un regista, Gespräch mit Sophie Lannes u. Philippe Meyer, in: Ders., Fare un film è per me vivere, Scritti sul cinema, hg. v. Carlo di Carlo u. Giorgio Tinazzi, Venedig, S. 216-225.

ANTONIONI, Michelangelo, [1983] 2001. Professione contro, Gespräch mit Luigi Vaccari, in: Ders., Fare un film è per me vivere, Scritti sul cinema, hg. v. Carlo di Carlo u. Giorgio Tinazzi, Venedig, S. 192-199.

ANTONIONI, Michelangelo, [1979] 2001. La storia del cinema la fanno i film, Gespräch mit Aldo Tassone, in: Ders., Fare un film è per me vivere, Scritti sul cinema, hg. v. Carlo di Carlo u. Giorgio Tinazzi, Venedig, S. 172-191.

ANTONIONI, Michelangelo, [1975] 2001. L'elisse, Interview mit Leonardo Autera u. Ettore Mo, in: Ders., Fare un film è per me vivere, Scritti sul cinema, hg. v. Carlo di Carlo u. Giorgio Tinazzi, Venedig, S. 245-250.

ANTONIONI, Michelangelo, [1965] 2001. L'idea mi viene attraverso le immagini, Gespräch mit Pierre Billard, in: Ders., Fare un film è per me vivere, Scritti sul cinema, hg. v. Carlo di Carlo u. Giorgio Tinazzi, Venedig, S. 129-135.

ANTONIONI, Michelangelo, [1963] 2001. Il "fatto" e l'immagine: Ders., Fare un film è per me vivere, Scritti sul cinema, hg. v. Carlo di Carlo u. Giorgio Tinazzi, Venedig, S. 50-52.

ANTONIONI, Michelangelo, [1961] 2001. La malattia dei sentimenti: Ders., Fare un film è per me vivere, Scritti sul cinema, hg. v. Carlo di Carlo u. Giorgio Tinazzi, Venedig, S. 20-46.

ANTONIONI, Michelangelo, [1960] 2001. All'origine del cinema c'è una scelta, Interview mit André S. Labarthe, in: Ders., Fare un film è per me vivere, Scritti sul cinema, hg. v. Carlo di Carlo u. Giorgio Tinazzi, Venedig, S. 121-128.

ANTONIONI, Michelangelo, [1959a] 2001. Fare un film è per me vivere, in: Ders., Fare un film è per me vivere, Scritti sul cinema, hg. v. Carlo di Carlo u. Giorgio Tinazzi, Venedig, S. 13-16.

ANTONIONI, Michelangelo, [1959b] 2001. Paradossi sugli attori, in: Ders., Fare un film è per me vivere, Scritti sul cinema, hg. v. Carlo di Carlo u. Giorgio Tinazzi, Venedig, S. 17-19.

ANTONIONI, Michelangelo, [1958] 2001. La mia esperienza, in: Ders., Fare un film è per me vivere, Scritti sul cinema, hg. v. Carlo di Carlo u. Giorgio Tinazzi, Venedig, S. 5-12.

ANTONIONI, Michelangelo, [1961] 1964. Die Krankheit der Gefühle, Übersetzung von Irmbert Schenk, in: Der Film, Manifeste, Gespräche, Dokumente, Band 2: 1945 bis heute, München, 1964, S. 83-110, S. 85.

ANTONIONI, Michelangelo, 1964. Sei Film, Le Amiche, Il Grido, L'Avventura, La Notte, L'Eclisse, Deserto Rosso, (Saggi, 351) Turin.

ARISTARCO, Guido, 1984. Notes on Michelangelo Antonioni, übers. v. Luciana Bohne, Film Criticism, 9, 1, S. 4-7.

ARISTOTELES, 2008. Poetik, Griechisch/Deutsch, übers. u. hg. v. Manfred Fuhrmann, Stuttgart.

ARNHEIM, Rudolf, [1932] 2002. Film als Kunst, Frankfurt am Main.

ARROWSMITH, William, 1995. Antonioni, The Poet of Images, hg. u. mit einer Einf. und Kommentaren v. Ted Perry, New York.

Ausst.kat. 2015. Antonioni, Cinémathèque Française, Paris, 09.04.-20.07.2015, hg. v. Dominique Païni, Paris.

Auss.kat. 2014. Blow Up – Antonionis Filmklassiker und die Fotografie, Albertina, Wien, 30.04.-24.08.2014, Fotomuseum Winterthur, 13.09.-30.11.2014 u. C/O Berlin, 13.12.2014-08.03.2015, hg. v. Walter Moser u. Klaus Albrecht Schröder, Ostfildern.

Auss.kat. 2013. Lo sguardo di Michelangelo Antonioni e le arti, Palazzo dei Diamanti, Ferrara, 10.03.-09.06. 2013, hg. v. Dominique Païni, Ferrara.

Auss.kat. 2009. Giorgio Morandi, 1890-1964, Metropolitan Museum of Art, New York, 16.09.-14.12.2008 u. Museo d'Arte Moderna di Bologna, 22.01.-12.04.2009, hg. v. Maria Cristina Bandera u. Renato Miracco, Mailand.

Auss.kat. 2008. Giorgio De Chirico, Werke 1909-1971 in Schweizer Sammlungen, Winterthur, Kunstmuseum, 23.08.-23.11.2008, hg. v. Dieter Schwarz, Düsseldorf.

Auss.kat. 2005. E42 – EUR, Segno e sogno del '900, Palazzo degli Uffici, 01.-30.04.2005, hg. v. Carlo Fabrizio Carli, Gianni Mercurio u. Luigi Prisco, Rom.

Auss.kat. 1987a. E 42, Utopia e scenario del Regime, Bd. 1: Ideologia e programma dell'Olimpiade delle Civiltà, Kat. zur Ausst. im Archivio centrale dello Stato, Rom, April-Mai 1987, hg. v. Gregory Tullio u. Achille Tartaro, Rom.

Auss.kat. 1987b. E 42, Utopia e scenario del Regime, Bd. 2: Urganistica, architettura, arte e decorazione, Kat. zur Ausst. im Archivio centrale dello Stato, Rom, April-Mai 1987, hg. v. Maurizio Calvesi, Enrico Guidoni u. Simonetta Lux, Rom.

Auss.kat. 1985. Giorgio de Chirico, I temi della metafisica, Kat. zur Ausst. in der Galleria Philippe Daverio in Mailand, hg. v. Maurizio Fagiolo dell'Arco, Mailand.

BARTHES, Roland, [1980] 1984. Weisheit des Künstlers, in: Michelangelo Antonioni, (Reihe Film 31) München/Wien, S. 65-70.

BASS, David, 1997. Insiders and Outsiders, Latent Urban Thinking in Movies of Modern Rome, in: Cinema and Achitecture, Méliès, Mallet-Stevens, Multimedia, hg. v. François Penz u. Maureen Thomas, London, S. 84-99.

BAUER, Franz J., 2009. Rom im 19. Und 20. Jahrhundert, Konstruktion eines Mythos. Regensburg.

BAUER, Matthias, 2015. Michelangelo Antioni, Bild, Projektion, Wirklichkeit, München.

ANDRÉ Bazin, [o.J.] 2011. Peinture et cinéma, in: Ders., Qu'est-ce que le cinéma?, Paris.

BAZIN, André, [o.J.] 2009. Malerei und Film, in: Was ist Film?, hg. v. Robert Fischer, aus dem Franz. von Robert Fischer u. Anna Düpee, 2. Aufl., Berlin, S. 224-230.

BECKER, Jörg, 2012. Augenblicke der Wahrheit, Michelangelo Antonioni und das "Kino des Sehens", Neue Zürcher Zeitung, 227, 29. Sept. 2012, S. 63.

BELLER, Hans, 2000. Filmräume als Freiräume, Über den Spielraum der Filmmontage, in: Onscreen/Offscreen, Grenzen, Übergänge und Wandel des filmischen Raums, hg. v. Hans Beller, Martin Emele u. Michael Schuster, Stuttgart, S. 11-49.

BENCI, Jacopo, 2011. Identification of a City: Antonioni and Rome, 1940-62, in: Laura Rascoli u. John David Rhodes, Antonioni, Centenary Essays, London, S. 21-63.

BENCI, Jacopo, 2008. Michelangelo's Rome. Towards an Iconology of L'Eclisse, in: Cinematic Rome, hg. v. Richard Wrigley, Leicester, S. 63-84.

BENJAMIN, Walter, [1936] 1973. Das Kunstwerk im Zeitalter seiner technischen Reproduzierbarkeit, Drei Studien zur Kunstsoziologie, Frankfurt am Main.

BIENK, Alice, 2006. Filmsprache, Einführung in die interaktive Filmanalyse, Magdeburg.

BILLERI, Matteo, 2016. Antonioni's (Neo-)Avant-Gard, Visual Sources for L'eclisse (1962), in: L'avventura, International Journal of Italian Film and Media Landscapes, 1, S. 39-55.

BODENSCHATZ, Harald (Hg.), 2011. Städtebau für Mussolini, Auf der Suche nach der neuen Stadt im faschistischen Italien, Berlin.

BODENSCHATZ, Harald, 2011a. Der Städtebau im faschistischen Italien: Rahmen, Perioden und Inhalte, in: Harald Bodenschatz u. Daniela Spiegel, Städtebau für Mussolini, Auf der Suche nach der neuen Stadt im faschistischen Italien, hg. v. Harald Bodenschatz, Berlin, S. 26-30.

BODENSCHATZ, Harald, 2011b. Auf dem Wege zu einem neuen Rom, in: Harald Bodenschatz u. Daniela Spiegel, Städtebau für Mussolini, Auf der Suche nach der neuen Stadt im faschistischen Italien, hg. v. Harald Bodenschatz, Berlin, S. 40-217.

BODENSCHATZ, Harald, 2011c. Diktatur und Städtebau der Zwischenkriegszeit, in: Harald Bodenschatz u. Daniela Spiegel, Städtebau für Mussolini, Auf der Suche nach der neuen Stadt im faschistischen Italien, hg. v. Harald Bodenschatz, Berlin, S. 418-461.

BODENSCHATZ, Harald, 2009. Städtebau als politischer Prozess, in: Für den Faschismus bauen, Architektur und Städtebau im Italien Mussolinis, hg. v. Aram Mattioli u. Gerald Steinacher, Zürich, S. 45-64.

BOEHM, Gottfried, 2008a. Das Lebendige, Rothkos Zugänge zum Bild, Mark Rothko Retrospektive, München, Kunsthalle der Hypo-Kulturstiftung, 07.02.-27.04.2008 u. Hamburg, Hamburger Kunsthalle, Galerie der Gegenwart, 16.05.-24.08.2008, hg. v. Hubertus Gaßner, Christine Lange u. Oliver Wick, München, S. 180-184.

BOEHM, Gottfried, 2008b. Giorgio Morandi: Zum künstlerischen Konzept, in: Giorgio Morandi, Gemälde, Aquarelle, Zeichnungen, Radierungen, hg. v. Ernst-Gerhard Güse u. Franz Armin Morat, München, S. 9-20.

BONDANELLA, Peter, 2001. Italian Cinema, From Neorealism to the Present, 3, Aufl., New York, S. 103-141, S. 196-252.

BONITZER, Pascal, 1999. Le champ aveugle, Essais sur le réalisme au cinéma, Paris.

BONITZER, Pascal, 1989. The Disappearance, in: L'avventura, Michelangelo Antonioni, director, hg. v. Seymour Chatman u. Guido Fink, New Brunswick, S. 215-218.

BONITZER, Pascal, [1978] 2000. Deframings, in: Cahiers du cinéma, Bd. 4, 1973-78, History, Ideology, Cultural Struggle, An Anthology from Cahiers du Cinéma, nos. 248-292, Sept. 1973-Sept. 1978, hg. v. David Wilson, London, S. 197-203.

BORDWELL, David, [1979] 2009. The Art Cinema as a Mode of Film Practice, in: Film Theory and Criticism, hg. v. Leo Braudy u. Marshall Cohen, 7. Aufl., New York, S. 649-657.

BORDWELL, David u. Kristin Thompson, 2008. Film Art, An Introduction, 8. Aufl., New York.

BORDWELL, David, 2006. Visual Style in Cinema, Vier Kapitel Filmgeschichte, hg. u. eingel. V. Andreas Rost, aus dem Amerikanischen v. Mechtild Ciletti, 3. Aufl., Frankfurt am Main.

BORDWELL, David u. Kristin Thompson, 2003. Film History, An Introduction, 2. Aufl., New York.

BORDWELL, David, 1997. Modelle der Rauminszenierung im zeitgenössischen europäischen Kino, in: Zeit, Schnitt, Raum, hg. u. eingel. v. Andreas Rost, Frankfurt am Main, S. 17-42.

BORDWELL, David, 1989. Making Meaning, Inference and Rhetoric in the Interpretation of Cinema, Cambridge (Mass.).

BORDWELL, David, 1985. Narration in the Fiction Film, Madison.

BRÜCKLE, Wolfgang, 2006. Fünf Faden tief, Abstraktion als Leitmetapher bei Michelangelo Antonioni, Mit einer Nachbemerkung über Greenaways Kontrakt des Zeichners, in: Das bewegte Bild, Film und Kunst, hg. v. Thomas Hensel, Klaus Krüger u. Tanja Michalsky, München, S. 163-192.

BRUNETTE, Peter, 1998. The Films of Michelangelo Antonioni, Cambridge.

BURCH, Noël, [1969] 1986. Une praxis du cinéma.

CAPANNA, Alessandra, 2008. Progetti e realizzazioni, in: Una guida all'architettura moderna dell'EUR, hg. v. Adachiara Zevi, Rom, S. 30, 32, 34, 50, 52.

CARDULLO, Bert, 2010. More from Less. The Movie Aesthetic of Michelangelo Antonioni, in: Antigonish Review, 160, S. 115-128.

CAVELL, Stanley, 1979. Excursus: Some Modernist Painting, in: Stanley Cavell, The World Viewed, Reflections on the Ontology of Film, Cambridge (Mass.)/London, S. 108-117.

CHATMAN, Seymour, 2018. End of Story, in: Artforum International, 46, 3, S. 85-86.

CHATMAN, Seymour, 2008. Michelangelo, Antonioni, Sämtliche Filme, hg. v. Paul Duncan, Köln.

CHATMAN, Seymour, 2004. Michelangelo, Antonioni, Tutti i film, hg. v. Paul Duncan, Köln.

CHATMAN, Seymour, 1989. All the Adventures, in: L'avventura, Michelangelo Antonioni, director, hg. v. Seymour Chatman u. Guido Fink, New Brunswick, S. 3-15.

CHATMAN, Seymour, 1985. Antonioni or, the Surface of the World, London.

CHION, Michel, 2003. What a time it was! An essay on Antonioni's L'Eclisse, übers. v. Alain Renaud u. Don Siegel, in: The Soundtrack, 1, S. 5-9.

CHRISTEN, Thomas, 2002. Das Ende im Spielfilm, Vom klassischen Hollywood zu Antonionis offenen Formen, (Zürcher Filmstudien, 7) Marburg (Diss. Universität Zürich 1999).

CIUCCI, Giorgio, 1989. The Classicism of the E 42: Between Modernity and Tradition, übers. aus dem Ital. v. Jessica Levine, in: Assemblage, 8, S. 78-87.

CLARK, T. J., 1999. Farewell to an Idea, Episodes from a History of Modernism, New Haven.

CONANT, James, 2006. Die Welt eines Films, in: Deutsche Zeitschrift für Philosophie, 1, S. 87-100.

COTTINO-JONES, Marga, Carlo di Carlo u. Giorgio Tinazzi (Hg.), 1996. Michelangelo Antonioni, The Architecture of Vision, Writigns and Interviews on Cinema, Chicago.

CUCCU, Lorenzo, 1997. Il discorso dell sguardo e altri saggi, Pisa.

DELEUZE, Gilles, [1985] 1997. Das Zeit-Bild, Kino 2, Frankfurt am Main.

DELEUZE, Gilles, [1983] 1997. Das Bewegungs-Bild, Kino 1, Frankfurt am Main.

DELLI COLLI, Laura, 2008. EUR è cinema, Rom.

DI MAJO, Luigi u. Italo Isolera, 1986. L'Eur e Roma dagli anni Trenta al Duemila, Rom/Bari.

ECO, Umberto, [1962] 1973. Das offene Kunstwerk, Frankfurt am Main.

Encyclopedia of Contemporary Italian Culture, 2000. Hg. v. Gino Moliterno, London.

ESPOSITO, Joan, 1984. Antonioni and Benjamin: Dialectical Imagery in Eclipse, in: Film Criticism, 9, 1, S. 25-30.

ETLIN, Richard, 1991. The Esposizione Universale of 1942', in: Ders., Modernism in Italian Architecture, 1890-1940, Cambridge, S. 481-515.

FISCHER, Ralf Michael, 2012. Diskontinuierliche Bild- und Filmräume im Dialog, Joel Pizzinis Kurzfilm ENIGMA DE UM DIA und Giorgio De Chiricos Pittura Metafisica, in: Film als Raumkunst, Historische Perspektiven und aktuelle Methoden, hg. v. Henning Engelke, Ralf Michael Fischer u. Regine Prange, Marburg, S. 266-293.

FOOT, John, 2003. Modern Italy, New York.

FOUCAULT, Michel, 1989] 1999. Die Malerei von Manet, Berlin.

FRITSCH, Eva u. Dirk Fritsch, 2010. Filmzugänge, Strukturen und Handhabung, Mit einem Exkurs zur Filmmusik von Tomi Mäkelä, Köln.

GENETTE, Gérard, 2010. Die Erzählung, aus dem Franz. von Andreas Knop, 3., durchges. u. korr. Aufl., Paderborn.

GHIRARDO, Diane, 1992. Architects, Exhibitions, and the Politics of Culture in Fascist Italy, in: Journal of Architectural Education, 45, 2, S. 67-75.

GIACCI, Vittorio, 2008. Michelangelo Antonioni, Lo sguardo estatico, Rom.

GIANETTI, David, 1999. Invito al cinema di Antonioni, Milano.

GLASENAPP, Jörn (Hg.), 2012. Michelangelo Antonioni, Wege in die filmische Moderne, München.

GRÄF, Dennis, Stephane Grossmann, Peter Klimczak, Hans Krah u. Marietheres Wagner (Hg.), 2011. Filmsemiotik, Eine Einführung in die Analyse audiovisueller Formate, (Schriften zur Kultur- und Mediensemiotik, 3) Marburg.

GREENBERG, Clement, [1960] 1997. Modernistische Malerei, in: Clement Greenberg, Die Essenz der Moderne, ausgew. Essays u. Kritiken, hg. v. Karlheinz Lüdeking, aus dem Amerikan. v. Christoph Hollender, Dresden, S. 265-278.

GREENBERG, Clement, [1960] 1995. Modernist Painting, in: Clement Greenberg, Modernism with a Vengeance, 1957-1969, The Collected Essays and Criticism, Bd. 4, hg. v. John O'Brian, Chicago, S. 85-93.

HARTMANN, Britta u. Hans J. Wulff, 2002. Neoformalismus - Kognitivismus - historische Poetik des Kinos, in: Moderne Film Theorie, hg. v. Jürgen Felix, Mainz, S. 191-216.

HARTMANN, Britta u. Hans J. Wulff, 1995. Vom Spezifischen des Films, Neoformalismus - Kognitivismus - Historische Poetik, in: montage AV, Zeitschrift für Theorie und Geschichte audiovisueller Kommunikation, 4, 1, 1995, S. 5-22.

HEATH, Stephen, [1976] 1986. Narrative Space, in: Narrative, Apparatus, Ideology, A Film Theory Reader, hg. v. Philip Rosen, New York, S. 378-420.

HOLLENSTEIN, Roman, 2012. Zurück zur alten Grösse, Harald Bodenschatz' monumentale Studie über die neue Stadt im faschistischen Italien, in: NZZ, 112, 15.05.2012, S. 45.

ILLGER, Daniel, 2009. Heim-Suchungen, Stadt und Geschichtlichkeit im italienischen Nachkriegskino, Berlin.

INNAMORATI, Francesco, 2004. EUR SpA e il patrimonio di E42, hg. v. Carlo Bertilaccio u. Francesco Innamorati, Rom.

JAMESON, Frederic, [1983] 1991. Postmodernism and Consumer Society, in: The Anti-Aesthetic, Essays on Postmodern Culture, hg. u. mit einer Einf. v. Hal Foster, Seattle, S. 111-125.

KHOULOKI, Rayd, 2012. Zur Analyse und Bedeutung filmischer Raumkonstruktion am Beispiel von THE WILD BUNCH, in: Film als Raumkunst, Historische Perspektiven und aktuelle Methoden, hg. v. Henning Engelke, Ralf Michael Fischer u. Regine Prange, Marburg, S. 157-176.

KHOULOKI, Rayd, 2007. Der filmische Raum, Konstruktion, Wahrnehmung, Bedeutung, (Deep Focus, 5), Berlin.

KIEFER, Bernd, 2008. Michelangelo Antonioni, 1912-2007, in: Filmregisseure, Biographie, Werkbeschreibungen, Filmographie, hg. v. Thomas Koebner, 3. Aufl., Stuttgart, S. 36-43

KOCK, Bernhard, 1994. Michelangelo Antonionis Bilderwelt, Eine phänomenologische Studie, München.

KOEBNER, Thomas, 2006. Koexistenz durch Sukzession, Zur bipolaren Bauform von Filmbildern, in: Bildtheorie und Film, München, hg. v. Thomas Koebner u. Thomas Meder, in Verb. mit Fabienne Liptay, S. 62-73.

KORTE, Helmut, 2010. Einführung in die Systematische Filmanalyse, Ein Arbeitsbuch, 4., neu bearb. u. erw. Auflage, Berlin.

KRACAUER, Siegfried, [1960] 2005. Theorie des Films, Die Errettung der äußeren Wirklichkeit, hg. v. Inka Mülder-Bach et al., (Siegfried Kracauer Werke, 3) Frankfurt am Main.

KRACAUER, Siegfried, [1960] 1985. Theorie des Films, Die Errettung der äußeren Wirklichkeit, vom Verf. Revid. Übers. v. Friedrich Walter u. Ruth Zellschan, hg. v. Karsten Witte, Frankfurt am Main.

LAMPUGNANI, Vittorio Magnago, 2011. Im Italien des Faschismus, Zwischen Traditionsbeflissenheit, Modernisierungseifer und Repräsentationswahn, in: Ders., Die Stadt im 20. Jahrhundert, Visionen, Entwürfe, Gebautes, Bd. 2, Berlin, S. 473-499.

LAMPUGNANI, Vittorio Magnago, 2009. Die Città universitaria in Rom, die Mostra d'Oltremare in Neapel und die E42. Städtebauliche Strategien im Italien des Faschismus, in: Für den Faschismus bauen, Architektur und Städtebau im Italien Mussolinis, hg. v. Aram Mattioli u. Gerald Steinacher, (Kultur - Philosophie - Geschichte 7), Zürich, S. 87-110.

LAMPUGNANI, Vittorio Magnago, 1994. Von der E 42 zur EUR, in: Das Bauwerk und die Stadt/The Building and the Town, Aufsätze für F. Sekler, hg. v. Wolfgang Böhm, Wien, Köln und Weimar, S. 163-172.

LIPTAY, Fabienne, 2006. Leerstellen im Film, Zum Wechselspiel von Bild und Einbildung in: Bildtheorie und Film, hg. v. Thomas Koebner u. Thomas Meder, in Verb. mit Fabienne Liptay, München, S. 108-134.

LOTMAN, Jurij M., [1970] 1973. Die Struktur des künstlerischen Textes, hg. u. mit einem Nachw. u. einem Register v. Rainer Grübel, Frankfurt am Main.

MAEGERLEIN, Heinz, 1960. Olympia 1960, Bd. 2, XVII. Olympische Sommerspiele in Rom, (Schriftenreihe des deutschen Sportbundes, 9), Frankfurt am Main.

MANODORI SAGREDO, Alberto u. Isabella Mundula, 2008. Istantanee di vita, Volti, gesti, persone e architetture dell'EUR, Rom.

MATTIOLI, Aram, 2009. Architektur und Städtebau in einem totalitären Gesellschaftsprojekt, in: Für den Faschismus bauen, Architektur und Städtebau im Italien Mussolinis, hg. v. Aram Mattioli u. Gerald Steinacher, (Kultur - Philosophie - Geschichte 7), Zürich, S. 13-44.

MEISTER, Caroline, 2004. „Lavender mist": Modernismus und Mimikry in Michelangelo Antonionis „Il deserto rosso", in: Geschichte der Ästhetik, Festschrift für Werner Busch zum 60. Geburtstag, hg. v. Margit Kern, Thomas Kirchner u. Hubertus Kohle, Berlin, S. 459-492.

MITRY, Jean, [1963] 1990. Estehtique et psychologie du cinéma, Paris.

MOURE, José u. Thierry Roche (Hg.), 2014. Michelangelo Antonioni, Anthropologue de formes urbaines, Paris.

MOURE, José, 2001. Michelangelo Antonioni, Cinéaste de l'évidement, Paris.

NEUPERT, Richard, 1995. The End, Narration and Closure in the Cinema, Detroit.

NICOLOSO, Paolo, 2008. Mussolini architetto, Propaganda e paesaggio urbano nell'Italia fascista, Turin.

OCHSNER, Beate, 2015. Michelangelo Antonioni: L'eclisse (1962), in: Italienische Filme des 20. Jahrhunderts in Einzeldarstellungen, hg. v. Andrea Grewe u. Giovanni Di Stefano, Berlin, S. 119-135.

ORSINI, Maria, 2002. Michelangelo Antonioni, I film e la critica 1943-1995: un'antologia.

PAECH, Joachim, 2006. Was ist ein kinematographisches Bewegungsbild?, in: Bildtheorie und Film, hg. v. Thomas Koebner u. Thomas Meder, in Verb. mit Fabienne Liptay, München, S. 92-107.

PAMERLEAU, William C., 2009. Antonioni: Existentialist Cinema, Basingstoke, S. 85-112.

PANOFSKY, Erwin, [1936] 1993. Die ideologischen Vorläufer des Rolls-Royce-Kühlers und Stil und Medium im Film, mit Beiträgen von Irving Levin u. William S. Heckscher, Frankfurt am Main, S. 17-48.

PENZ, François, 2018. The case of L'Eclisse (Antonioni, 1962), in: Ders., Cinematic Aided Design, Oxon/New York, S. 144-155.

PEREZ, Gilberto, 1991. The Point of View of a Stranger: An Essay on Antonioni's „Eclipse", The Hudson Review, 2, S. 234-262.

PFAMMATTER, Ulrich, 2005. Grösse und Grössenwahn. Wie die italienische Architekten-Elite zwischen Razionalismo und Postmoderne vielen Herren diente und dabei immer unschuldig blieb, in: du - Zeitschrift für Kultur, 3, S. 29-31.

PFAMMATTER, Ulrich, 1990. Moderne und Macht, ‚Razionalismo': Italienische Architekten 1927-1942, (Architektur und Politik/Baugeschichte), Braunschweig.

POMERANCE, Murray, 2011. Michelangelo Red Antonioni Blue, Eight Reflections on Cinema, Berkeley.

PRANGE, Regine, 2012. Zur Theoriegeschichte der filmischen Raumkonstruktion und ihrer Aktualität als Gegenstand einer historischen Bild- und Medienwissenschaft, in: Film als Raumkunst, Historische Perspektiven und aktuelle Methoden, hg. v. Henning Engelke, Ralf Michael Fischer u. Regine Prange, Marburg, S. 12-53.

PRINCE, Gerald, 1988. A Dictionary of Narratology, Aldershout.

PRÜMM, Karl, 2006. Von der Mise en scène zur Mise en images, Plädoyer für einen Perspektivenwechsel in der Filmtheorie und Filmanalyse, in: Bildtheorie und Film, hg. v. Thomas Koebner u. Thomas Meder, in Verb. mit Fabienne Liptay, München, S. 15-35.

RASCAROLI, Laura u. John David Rhodes (Hg.), 2011. Antonioni, Centenary Essays, London.

RASCAROLI, Laura u. John David Rhodes (Hg.), 2008. Antonioni and the place of Modernity, A Tribute, in: Framework: The Journal of Cinema and Media, 49, 1, S. 42-47.

REICHERT, Ramón, 2007. Im Kino der Humanwissenschaften, Studien zur Medialisierung wissenschaftlichen Wissens, Bielefeld.

RESTIVO, Angelo, 2002. The Cinema of Economic Miracles, Durham/London.

RHODES, John David, 2011. Antonioni and the Developement of Style, in: Antonioni, Centenary Essays, hg. v. Rascoli, Laura u. John David Rhodes, London, S. 276-300.

RHODES, John David, 2011. The Eclpise of Place: Rome's EUR from Rossellini to Antonioni, in: Taking Place, Location and the Moving Image, hg. v. John David Rhodes u. Elena Gorfinkel, London, S. 31-54.

RIFKIN, Ned, 1982. Antonioni's Visual Language, (Studies in Cinema, 19) Ann Arbor (Diss. University of Michigan 1977).

ROHDIE, Sam, 1990. Antonioni, London.

ROHMER, Eric, [1948] 2006. Film, eine Kunst der Raumorganisation, in: Raumtheorie, Grundlagentexte aus Philosophie und Kulturwissenschaften, hg. v. Jörg Dünne u. Stephan Günzel, Frankfurt am Main, S. 515-528.

ROOS, Gerd u. Dieter Schwarz, 2008. Einführung, in: Giorgio De Chirico, Werke 1909-1971 in Schweizer Sammlungen, Kat. zur Ausst. im Kunstmuseum Winterthur, hg. v. Gerd Roos u. Dieter Schwarz, Düsseldorf, S. 7-16.

ROTHEMUND, Kathrin, 2012. Übergänge, Das Einfließen der Grenze in das filmische Bild, in: Film als Raumkunst, Historische Perspektiven und aktuelle Methoden, hg. v. Henning Engelke, Ralf Michael Fischer u. Regine Prange, Marburg, S. 54-66.

ROTHSCHILD, Thomas, 2006. Bildkomposition und Dauer, Die kurze und die lange Einstellung, in: Bildtheorie und Film, hg. v. Thomas Koebner u. Thomas Meder, in Verb. mit Fabienne Liptay, München, S. 52-61.

SALJE, Gunther, 1994. Antonioni, Regieanalyse – Regiepraxis, Bd. 1, (Reihe Praxisstudium Film/Fernsehen), Bassum.

SCHAUB, Martin, 1984. Sisyphus, in: Michelangelo Antonioni, Reihe Film 31, München/Wien, S. 7-56.

SCHENK, Irmbert, 2014. Film und Kino in Italien, Studien zur italienischen Filmgeschichte, Magdeburg.

SCHENK, Irmbert, 2008. Antonionis radikaler ästhetischer Aufbruch, Zwischen Moderne und Postmoderne, in: Das goldene Zeitalter des italienischen Films, Die 1960er Jahre, hg. v. Thomas Koebner u. Irmbert Schenk, München, S. 67-89.

SCHWARZER, Mitchell, 2000. The Consuming Landscape: Architecture in the Films of Michelangelo Antonioni, in: Architecture and Film, hg. v. Mark Lamster, New York, S. 196-215.

SOURIAU, Étienne, [1951] 1997. Die Struktur des filmischen Universums und das Vokabular der Filmologie, aus dem Franz. v. Frank Kessler, in: montage AV, Zeitschrift für Theorie und Geschichte audiovisueller Kommunikation, 6, 2, S. 140-157.

SPINA, Davide, 2014. Sign Language, in: AA files, 68, S. 101-107.

STEIMATSKY, Noa, 2008a. Introduction, Italy as Seen from the Moon, Aerial: Antonioni's Modernism, in: Dies.: Italian Locations, Reinhabiting the Past in Postwar Cinema, Minneapolis, S. 1-40.

STEIMATSKY, Noa, 2008b. Aerial: Antonioni's Modernism, in: Dies., Italian Locations, Reinhabiting the Past in Postwar Cinema, Minneapolis, S. 1-40.

TAGLIACOLLO, Emma, 2011. La progettazione dell'Eur, Formazione e trasformazione urbana dalle origini a oggi, Rom.

TASSONE, Aldo, 2002. I film di Michelangelo Antonioni, Un poeta della visione, Rom.

THOMPSON, Kristin, 1988. Breaking the Glass Armor, Neofromalist Film Analysis, Princeton.

TINAZZI, Giorgio, [1994] 2002. Michelangelo Antonioni, 2. erw. Aufl., Mailand.

TINAZZI, Giorgio, 1989. Michelangelo Antonioni, (Il Castoro Cinema, 1), Florenz.

VALERIANI, Enrico u. Francesco Innamorati, 2012. EUR, Quartiere di Architetture, Rom.

WARNKE, Martin, 2006. Kontinuitätslinien von alter Kunst zu den neuen Medien, in: Das bewegte Bild, Film und Kunst, hg. v. Thomas Hensel, Klaus Krüger u. Tanja Michalsky, München, S. 75-80.

WEISS, Jeffrey, 2007. Temps Mort: Rothko and Antonioni, in: Ausst.kat., 2007. Rothko, Palazzo delle Esposizioni, Rom, 06.10.2007-06.01.2008, hg. v. Oliver Wick, Mailand, S. 45-55.

WILLIAMS, James S., 2008. The Rhythms of Life: An Appreciation of Michelangelo Antonioni, Extreme Aesthete of the Real, Film Quarterly, 62, 1, S. 46-58.

WÖLFFLIN, Heinrich, 1915. Kunstgeschichtliche Grundbegriffe, Das Problem der Stilentwicklung in der Neueren Kunst, München.

WOLLER, Hans, 2010. Geschichte Italiens im 20. Jahrhundert, München.

ZEVI, Adachiara (Hg.), 2008. Una guida all'architettura moderna dell'EUR, Rom.

5.2 Filmographie

5.2.1 *L'Eclisse* und weitere Film-Quellen

Michelangelo Antonioni, Liebe 1962, (Süddeutsche Zeitung Cinemathek, 7), © 1962 StudioCanal Image, Süddeutsche Zeitung, 2008.

Michelangelo Antonioni's L'Eclisse, © The Criterion Collection, 2005.

Michelangelo Antonioni, *L'Eclisse*, (Un Mondo di Cinema, 20034), © Mondo Home Entertainment, 2002.

Baukunst 5, Architectures, Vol. 5, © arte TV, 2005.

E42 - EUR, Segno e sogno del Novecento, © Istituto Luce u. Regione Lazio, 2005.

5.2.2 Credits von *L'Eclisse* (1962)[493]

Regie:	Michelangelo Antonioni
Drehbuch:	Michelangelo Antonioni, Tonino Guerra, Elio Bartolini, Ottiero Ottieri
Produktion:	Robert e Raymond Hakim für Interopa Film, Cineriz und Paris Film Production
Fotografie:	Gianni di Venanzo
Montage:	Eraldo da Roma
Musik:	Giovanni Fusco
Besetzung:	Monica Vitti (Vittoria), Alain Delon (Piero), Lilla Brignone (Mutter von Vittoria), Francisco Rabal (Riccardo), Louis Seignier (Ercoli, der Broker), Rosanna Rory (Anita), Mirella Ricciardi (Marta), Cyrus Elias (der Betrunkene)

---

493 Angaben aus: Chatman 2004, S. 187.

FILM- UND MEDIENWISSENSCHAFT

Herausgegeben von Irmbert Schenk und Hans Jürgen Wulff

ISSN 1866-3397

1 *Oliver Schmidt*
Leben in gestörten Welten
Der filmische Raum in David Lynchs *Eraserhead*, *Blue Velvet*, *Lost Highway* und *Inland Empire*
ISBN 978-3-89821-806-1

2 *Indra Runge*
Zeit im Rückwärtsschritt
Über das Stilmittel der chronologischen Inversion in *Memento*, *Irréversible* und *5 x 2*
ISBN 978-3-89821-840-5

3 *Alina Singer*
Wer bin ich? Personale Identität im Film
Eine philosophische Betrachtung von *Face/Off*, *Memento* und *Fight Club*
ISBN 978-3-89821-866-5

4 *Florian Scheibe*
Die Filme von Jean Vigo
Sphären des Spiels und des Spielerischen
ISBN 978-3-89821-916-7

5 *Anna Praßler*
Narration im neueren Hollywoodfilm
Die Entwürfe des Körperlichen, Räumlichen und Zeitlichen in *Magnolia*, *21 Grams* und *Solaris*
ISBN 978-3-89821-943-3

6 *Evelyn Echle*
Danse Macabre im Kino
Die Figur des personifizierten Todes als filmische Allegorie
ISBN 978-3-89821-939-6

7 *Miriam Grossmann*
Soziale Figurationen und Selbstentwürfe
Schauspieler und Figureninszenierung in Eric Rohmers *Pauline am Strand*, *Vollmondnächte* und *Das grüne Leuchten*
ISBN 978-3-89821-944-0

8 *Peter Klimczak*
40 Jahre ‚Planet der Affen'
Zeitgeist- und Reihenkompatibilität – über Erfolg und Misserfolg von Adaptionen
ISBN 978-3-89821-977-8

9 *Ingo Lehmann*
Ziellose Bewegungen und mediale Selbstauflösung
Das absurde «Genrefilm-Theater» Monte Hellmans
ISBN 978-3-89821-917-4

10 *Gerd Naumann*
Der Filmkomponist Peter Thomas
Von Edgar Wallace und Jerry Cotton zur Raumpatrouille Orion
ISBN 978-3-8382-0003-3

11 *Anja-Magali Bitter*
Die Inszenierung des Realen
Entwicklung und Perzeption des neueren französischen Dokumentarfilms
ISBN 978-3-8382-0066-8

12 *Martin Hennig*
Warum die Welt Superman nicht braucht
Die Konzeption des Superhelden und ihre Funktion für den Gesellschaftsentwurf in US-amerikanischen Filmproduktionen
ISBN 978-3-8382-0046-0

13 *Esther Lulaj*
Nimm (nicht) ab!
Zur Funktion des Telefons im Spielfilm – Von Metropolis bis Matrix
ISBN 978-3-8382-0125-2

14 *Boris Rozanski*
Das ungleiche Liebespaar in der 'Screwball Comedy'
Paarbildung und Selbstfindung von Frank Capras *It Happened One Night* bis zu Jonathan Demmes *Something Wild*
ISBN 978-3-8382-0145-0

15 *Carolin Lano*
Die Inszenierung des Verdachts
Überlegungen zu den Funktionen von TV-mockumentaries
ISBN 978-3-8382-0214-3

16 *Christine Piepiorka*
LOST in Narration
Narrativ komplexe Serienformate in einem transmedialen Umfeld
ISBN 978-3-8382-0181-8

17 *Daniela Olek*
LOST und die Zukunft des Fernsehens
Die Veränderung des seriellen Erzählens im Zeitalter von *Media Convergence*
ISBN 978-3-8382-0174-0

18 *Eleonóra Szemerey*
Die Botschaft der grauen Wand
Über die Vermittlung von Hoffnung und Hoffnungslosigkeit in Aki Kaurismäkis Verlierer-Filmen
ISBN 978-3-8382-0222-8

19 *Florian Plumeyer*
Sadismus und Ästhetisierung
Folter als kultureller und filmischer Exzess im Gegenwartskino
ISBN 978-3-8382-0188-7

20 *Jonas Wegerer*
Der nahe Fremde: Der amerikanische Western in den Kinos der Bundesrepublik Deutschland (1948-1960)
Eine rezeptionshistorische Analyse
ISBN 978-3-8382-0307-2

21 *Peter Podrez*
Der Sinn im Untergang
Filmische Apokalypsen als Krisentexte im atomaren und ökologischen Diskurs
ISBN 978-3-8382-0254-9

22 *Yvonne Augustin*
Episodisches Erzählen im Film
Alejandro González Iñárritus Filmtrilogie Amores Perros, 21 Grams und Babel
ISBN 978-3-8382-0335-5

23 *Julia Steimle*
Fiktive Realität – reale Fiktion
Realitätsebenen und ihre Integration im Hollywood-Backstage-Musical, untersucht anhand von The Broadway Melody, Gold Diggers of 1933, The Band Wagon, All That Jazz und Moulin Rouge!
ISBN 978-3-8382-0319-5

24 *Jana Heberlein*
Die *Neue Berliner Schule*
Zwischen Verflachung und Tiefe: Ein ästhetisches Spannungsfeld in den Filmen von Angela Schanelec
ISBN 978-3-8382-0407-9

25 *Karoline Stiefel*
Geistesblitze und Genialität – Bilder aus dem Gehirn des Detektivs
Die Visualisierung von Imagination in den TV-Serien Sherlock und House, M.D.
ISBN 978-3-8382-0522-9

26 *Stephanie Boniberger*
Musical in Serie
Von Buffy bis Grey's Anatomy: Über das reflexive Potential der special episodes amerikanischer TV-Serien
ISBN 978-3-8382-0492-5

27 *Phillip Dreher*
Morin und der Film als Spiegel
Eine theoriegeschichtliche Verortung der Filmtheorie von Edgar Morin
ISBN 978-3-8382-0486-4

28 *Marlies Klamt*
Das Spiel mit den Möglichkeiten
Variantenfilme – Zwischen Multiperspektivität und Chaostheorie
ISBN 978-3-8382-0811-4

29 *Ralf A. Linder*
Zwischen Propaganda und Anti-Kriegsbotschaft:
Die Darstellung des Krieges im US-amerikanischen Spielfilm als Indikator gesellschaftlichen Wandels
ISBN 978-3-8382-0750-6

30 *Jana Zündel*
An den Drehschrauben filmischer Spannung
Zeit und Raum bei Alfred Hitchcock.
Verzögerungen und Deadlines, klaustrophobische und expansive Räume
ISBN 978-3-8382-0940-1

31 *Seraina Winzeler*
Filme zwischen Spur und Ereignis
Erinnerung, Geschichte und ihre Sichtbarmachung im Found-Footage-Film
ISBN 978-3-8382-0414-7

32 *Tobias Dietrich*
Filme für den Eimer
Das Experimentalkino von Klaus Telscher
ISBN 978-3-8382-1094-0

33 *Silvana Mariani*
O Canto do Mar: Die Ästhetisierung von Realität?
Reflexionen über den Realismus bei Alberto Cavalcanti
ISBN 978-3-8382-1100-8

34 *Marius Kuhn*
Im weiten Feld der Zeit: Die filmischen Transformationen des Romans *Effi Briest*
ISBN 978-3-8382-1141-1

35 *Noemi Daugaard*
Grauenvolle Atmosphären: Tondesign und Farbgestaltung als affektive und subjektivierende Stilmittel in THE SILENCE OF THE LAMBS
ISBN 978-3-8382-1190-9

36 *Selina Hangartner*
Wild at Heart and Weird on Top: Spielformen der Ironie im Film
ISBN 978-3-8382-1214-2

37 *Alexander Schmidt*
Kino der Ekstase
Formen der Selbstüberschreitung in den Filmen Andrzej Żuławskis
ISBN 978-3-8382-0313-3

38 *Anna Weber*
Aufruf zur Solidarität
Die visuelle und stimmliche Präsenz von Ernst Busch und seine proletarische Imago im linken Filmschaffen der Weimarer Republik
ISBN 978-3-8382-1121-3

39 *Marian Petraitis*
Alle Geschichte hat einen Ort
Modelle filmischen Erinnerns am Beispiel der Filme Volker Koepps
ISBN 978-3-8382-1142-8

40 *Jessica Berry*
Kino der Sprachversionen
Mediale Praxis und Diskurse zu Beginn des Tonfilms, 1929-1933
ISBN 978-3-8382-1271-5

41 *Jacqueline Maurer*
Filmische Raumkonstruktion und Inszenierung städtischen Raums
Michelangelo Antonionis *L'Eclisse* (1962) und das römische Quartier EUR
ISBN 978-3-8382-1272-2

ibidem.eu